부자마인드와 무소유정신이 아우러지는
풍요로운 인생!

자유로운 삶

부자마인드와 무소유정신이
아우러지는 풍요로운 인생!

자유로운 삶

초판 1쇄 인쇄 | 2011년 7월 5일
초판 1쇄 발행 | 2011년 7월 10일

지은이 | 이근혁
펴낸곳 | 함께북스
펴낸이 | 조완욱
디자인 | 강희연

등록번호 | 제1-1115호
주소 | 121-251 서울시 마포구 연남동 566-64
전화 | 02-326-3016~8
팩스 | 02-326-3460
이메일 | harmkke@hanmail.net

ISBN 978-89-7504-561-5   03220

ⓒ 2011 이근혁

부자마인드와 무소유정신이 아우러지는
풍요로운 인생!

자유로운 삶

이근혁 지음

함께
BOOKS

자유로운 삶의 철학

평생 동안 무소유를 실천하던 법정스님이 2010년 3월에 입적하였다. 그런 분이 계셨나 할 정도로 나에게 존재감이 없던 분이었다. 그런데 갑자기 아내가 법정스님이 쓴 책이 곧 절판 된다면서 인터넷으로 여러 권 주문하는 것이었다. 갑자기 법정스님에 대한 관심이 우리 집에도 불어 닥치면서 나도 덩달아 법정스님의 책을 읽게 되었다. 지금 생각하니 평소 법정스님이 쓴 책의 진정한 가치를 알고 있던 아내 덕에 새로운 세계를 접하는 복을 누리게 된 셈이었다.

책을 주문하던 날 법정 스님의 대표작 중 하나인 〈무소유〉가 우리 집에 있다면서 아내가 내 서고 구석에서 그 책을 꺼내는 것이었다. 그 책 표지를 보고서야 이전에 본 적이 있는 책이었다는 기억이 떠올랐다. 1999년 문고판으로 출판된 책으로 책 부피도 얇고 가볍게 읽을 수 있는 수필형식이어서 잡지 같은 가벼운 읽을 거리를 놓아두는 화장실 선반에 오랫동안 놓여 있었던 것이다. 가끔 화장실에서 볼일 볼 때 한두 페이지씩 읽었던 것이다. 그렇지만 내용은 하나도 기억나지 않았다. 벌써 10년이 지났기 때문이다. 그 이후 일부러 찾지 않으면 알 수 없는 서고 구석에 누렇게 빛 바랠 정도로 방치되어 있었던 것이다. 그런데 그 책의 저자가 입적하면서 갑자기 나의 관심 속에 놓여지게 된 것이다.

먼저 목차를 보고 무소유 편만 다시 읽어 보았다. 마하트마 간디의 검소한 삶에 관한 이야기와 애지중지 키우던 난초로 인하여 외출 도중 집으로 되돌아 오게 된 해프닝을 소개하면서 무소유의 의미를 터득하게 되었다는 내용이다. 난초라는 재물을 소유하고 그 소유물에 대한 집착으로 인하여 자신의 삶이 그 재물에 얽매여 자유로운 삶을 방해 받고 있다는 사실을 깨닫고 무소유의 의미를 터득하게 되었다는 것을 이야기 하면서 아무것도 소유하고 있지 않을 때 모든 것을 가지게 된다는 무소유의 역설로 마무리를 하고 있다.

필자가 무소유를 처음 접하던 때를 돌이켜보면, 40대 초반으로 열심히 일하면서 앞만 보며 나아가던 시절이었다. 그때의 최대 관심사는 연봉, 승진, 저축, 자녀교육이었던 것 같다. 무소유를 두 번째로 접하게 된 지금은 10년이 지나 50대에 접어든 무렵으로 삼성화재에서 명예퇴직하고 글 쓰고 강의하면서 재무컨설팅을 하는, 시간이 자유로운 프리랜서로 활동하고 있다. 현재의 최대 관심사는 어떻게 하면 전 직장처럼 안정적으로 수입을 얻을 수 있을까, 5, 60대에도 계속 일할 수 있을까, 몸이 하나 둘 삐걱거리는데 건강은 괜찮을까 등이다. 그리고 지금까지 내가 제대로 삶을 살아온 것일까, 앞으로 어떻게 사는 것이 제대로 된 삶일까라는 고민에 빠지곤 한다.

10년 전에는 돈과 승진, 일에 대한 집착이 강하여 무소유를 받아들일 마음의 공간이 없었기 때문에 법정스님의 책이 그 당시 나에게 감동을 주지 못했던 것 같다. 그러나 이제는 22년 다녔던 직장생활에서의 퇴직이라는 인생의 큰 변곡점을 겪으면서 지난 삶에 대한 회의와 미래의 삶에 대한 걱정 및 불안이 온 마음을 도배하고 있었기 때문에 법정스님의 무소유사상이 나에게 크나큰 감흥으로 다가왔다. 법정스님이 자주 사용한, 소위 시절인연이 되었기 때문인 것 같다.

아무리 좋은 말도 듣는 사람이 그 말을 받아들일 마음의 준비가 되어 있지 않으면 귀에 들어오지 않는다는 말이 맞는 것 같다.

돈과 승진에 대한 탐욕만을 가슴속 가득 채운 채 그것을 향해 뒤돌아보지 않고 오직 앞만 향해 걸어가는 사람에게 무소유란 들을 가치도 생각할 마음의 공간도 없는 말이요, 단어였을 것이다.

그러나 이제 지금까지 살아온 과거의 삶을 반추하고 옅어진 소유욕과 경쟁 레이스에서 한발 물러선 지금, 무소유는 과거와 다른 의미로 해석되면서 내 가슴에 와 닿았다. 법정스님의 책들을 읽으면서 무소유사상을 나의 현실에 어떻게 접목할 것인가에 대해 고민하기 시작했다.

오늘날 대부분의 보통 사람들은 사교육비, 과소비, 실직, 사업실패 등 복합적인 이유로 노후생활에 필요한 노후자금을 제대로 준비하지 못한 채 은퇴를 맞이하고 있다. 또 남이 볼 때 충분히 준비했다고 하는데도 스스로 부족하다고 생각하여 자신을 고통 속에 빠뜨리는 사람도 많다.

충분한 은퇴자금에 대한 절대적 기준이 없다 보니 대부분의 사람들은 미래에 대한 불안감을 가지고 현재를 살아가고 있는 것 같다. 이미 은퇴한 은퇴자들도 돈이 부족하여 원하는 은퇴생활을 보내지 못하고 있다고 불만을 터뜨리며 괴로워하거나 짜증 내면서 살고 있다. 나아가 언제 돈이 떨어질지 모른다는 불안한 심정을 껴안고 살아가는 사람도 있다. 눈앞에 다가오지도 않은 미래의 불안을 껴안은 채, 재물과 몸에 대한 집착과 탐욕 때문에 항상 돈이 부족하다고 생각하는, 그리하여 나쁜 쪽으로 상상의 나래를 펴면서 고통스러워하는 사람들에게 올바른 삶의 철학과 마음 수행이 필요한 것 같다. 어려운 철학 책에서 찾을 수 있는 학문적인 것이 아닌 쉽고 실천 가능한 삶의 철학 말이다.

우리들이 추구하는 삶의 최종목표는 행복이다. 딱히 꼬집어서 행복은 이런 것이다라고 말할 수는 없지만 막연히 나의 삶이 불행해지지는 않을까 하며 불안해 하고 있다. 어린 시절 꿈이었던 의사, CEO, 교사, 공무원이 되었어도 여전히 행복을 찾고 있다. 그런데 대부분 우리들은 돈에서 행복을 찾고 있다. 그래서 수단과 방법을 가리지 않고 돈을 모으고 있는 것 같다. 행복은 돈으로 이루어지는 것이 아니다고 남들에게는 이야기하면서 자신은 열심히 돈을 모으는데 심혈을 기울이고 있다.

왜 그럴까? 비교문화 또는 경쟁사회구조 때문이다. 금융기관, 언론, 기업, 심지어 정부도 각자 잇속을 챙기기 위해 사람들간에 경쟁을 부추기고 있다. 한 때 10억 모으기 열풍은 금융기관의 의도적인 마케팅과 그것을 앞다투어 특집으로 보도하는 언론의 행태가 만든 합작품이라고 할 수 있다.

과거 5,60년대 보릿고개 시절, 가난했지만 지금보다 행복했다는 어른들의 이야기나 세계 최빈국 중 하나인 방글라데시가 세계에서 가장 행복한 국가 중 하나라는 사실은 돈과 행복이 비례하지 않는다는 반증은 아닐까?

그렇다면 보릿고개 시절보다 물질적으로 잘 사는 것이 분명한 지금, 돈이 부족해서 불행하다고 생각하거나 돈이 더 많이 필요하다면서, 미래의 걱정까지 앞당겨 자신을 고통 속에 빠뜨리는 우리는 정신적으로 무슨 문제가 있는 것은 아닐까?

행복한 삶에 대한 정의를 새롭게 자리매김할 필요가 있는 것 같다. 좋은 옷 입고, 맛있는 음식 먹고, 화려한 집에서, 돈에 구애 받지 않고 원하는 대로 쓸 수 있는 사람을 우리들은 행복한 사람이라고 생각하고 그러한 삶을 동경하고 있다. 이러한 삶만이 행복한 삶일까? 검소하게 사는 것은 불행한 삶인가?

무소유정신에 의하면, 재물은 소유하면 할수록 그것에 집착하게 된다고 한다. 마음과 생각이 모두 재물에 가 있어 그 재물에 얽매여 사는 삶이 되고 마침내 재물이 주인이 되어 우리의 삶을 휘두르게 되는 상황까지 진전 된다는 것이다. 이때부터 우리의 삶은 재물에 저당 잡혀 내가 내 마음대로 사는 것이 어렵게 된다고 한다. 그리고 재물을 지키는데 모든 인생을 바치게 된다는 것이다.

사람의 탐욕은 끝이 없다. 재물이 아무리 많이 있어도 만족하기 어렵다. 금융기관, 언론에서 10억원 정도는 모아야 원하는 은퇴를 즐길 수 있다고 하는 사회분위기 속에서, 30년 동안 월평균 생활비가 600만원인 김씨와 300만원인 홍씨가 각각 은퇴할 무렵 은퇴자금이 각각 7억원, 5억원밖에 준비하지 못한 경우 누가 미래에 대하여 불안을 더 많이 느낄까?

10억원이 필요하다는 사실이 뇌리 속에 각인이 되어 있을 경우, 두 사람 모두 미래에 대한 불안 속에서 현재를 살아 갈 것이다. 은퇴자금 크기만 놓고 보면 홍씨가 더 불안해 할 것이다. 5억원이나 부족하기 때문이다. 그렇지만 소비습관을 고려할 경우 실제로는 김씨가 더 불안하다. 왜냐하면 김씨는 홍씨와 비교할 때 은퇴자금은 2억원 더 많지만 생활비를 두 배 이상 쓰기 때문이다. 두 사람 모두 미래의 불안을 조금이라도 해소하기 위해 생활비를 현재 보다 더 줄일 지도 모른다. 오지도 않은 미래를 위해 과도하게 현재를 희생하는 우를 범할 가능성이 높다. 두려움은 실제보다 더 크게 느끼기 마련이니까.

그런데 이 두 사람이 방글라데시로 이민을 가거나 5, 60년대 보릿고개 시절로 돌아가서 노후를 보낼 수 있다면 어떻게 될까? 돈으로만 볼 때 매우 행복한 삶을 살 가능성이 높다. 그러나 열심히 벌고 저축하여 원하던 은퇴자금 10억원을 모아 은퇴한 경우 과연 행복한 노후의 삶을 살게 될까? 15억원, 20억원을 모아 은퇴한 사람과 비교하여 불행하다고 느끼지 않을까?

이웃과 비교하지 않고, 스스로 충족감을 느끼며 행복하게 살 수 있는 삶의 철학이 몸에 배어 있는 사람이 아니라면 남과의 비교로 인하여 상대적인 불만 또는 불행을 느끼면서 살지도 모른다.

행복은 감정, 느낌, 기분이다. 마음작용의 하나이다. 따라서 행복은 밖에서 찾을 수 있는 것이 아니다. 내 마음에서 찾아야 한다. 똑같은 상황에서 누구는 행복을 느끼면서 살아가는데 누군가는 불행 속에서 살아가는 경우를 볼 때 행복은 내 마음먹기라는 것을 알 수 있다.

비교경쟁 문화가 팽배해 있는 사회에서 산다는 것은 항상 타인과 비교하여 앞서려고 하는 삶의 연속이다. 비교경쟁 문화는 소유, 탐욕, 집착의 문화다. 많은 재물을 가지고 있어도 행복을 느끼기 어렵다. 누군가가 자기보다 경쟁 우위에 있는 한, 삶의 철학이 뚜렷한 1%를 제외한 99%는 행복을 느끼기 어렵다. 적게 가지고도 행복을 느끼려면 타인과 비교하지 않고 자기 자신의 삶을 소중히 하는 철학이 필요하다. 그리고 이러한 철학이 생활 속에 녹아 들려면 많은 마음수행이 필요하다.

법정스님의 글 중 '남과 비교하지 마라. 사람은 저마다 단 하나뿐인 독창적인 존재이다. 똑같은 사람은 없다. 설령 쌍둥이라 하더라도 다르다. 누구나 이 세상에 단 하나밖에 없는 귀한 존재이다. 그런데 왜 남과 비교하는가? 남과 비교해서는 안 된다. 자기 자신답게 살 수 있어야 한다.'는 글이 있다. 이러한 생각이야말로 경쟁 문화의 터널에서 벗어날 수 있는 해결책이라고 할 수 있다.

법정스님의 무소유사상 속에는 자신의 분수 이상의 것은 이웃과 나누는 정신이 포함되어 있다. 자신의 분수에 맞는, 넘치지도 모자라지도 않는 정도만 소유하고 나머지 넘치는 것은 이웃과 나누는 삶을 살 경우 더 많은 행복을 찾을 수 있다는 의미이다.

자본주의 사회에서 사는 우리들은 수도승처럼 소유를 완전히 버릴 수는 없다. 그렇다고 끝없이 소유를 탐할 경우 탐욕의 수렁에 빠져 고통에서 벗어날 수 없다. 소유와 무소유의 균형을 통한 조화로운 삶이 필요하다. 또한 미래를 위해 돈을 모으기 위해 경제활동을 하는 동안에는 소유에, 은퇴 후에는 무소유에 좀 더 치중하는 삶의 지혜도 필요하다. 인생의 후반기로 갈수록 몸보다 마음을 닦는데 많은 시간을 보내야 한다. 그런데 노탐(老貪)이라는 용어가 자주 들리는 것을 보면 늙어서도 탐욕에서 벗어나기란 쉽지 않다는 것을 알 수 있다. 음식, 재물, 몸에 대한 탐욕에서 벗어나기 위해서는 큰 결단이 필요하다.

더 이상 일을 할 수 없어서 은퇴를 하였지만 그 이후 노후 생활에 필요한 자금, 즉 은퇴자금이 부족한 경우 어떻게 살아야 할까? 이것은 현대를 살아가는 많은 사람들이 가지고 있는 고민이다. 인간의 욕심은 끝이 없기 때문이다. 부족한 은퇴자금으로 높은 수익을 쫓아가다가 넘어질 경우 다시 일어나기 어렵다. 답을 찾지 못한 나머지 어떻게 되겠지 하는 자포자기 심정으로 사는 사람도 있을 것이다. 마음 속 한 곳에는 미래에 대한 불안으로 잠을 못 이루는 사람도 있을 것이다. 이러한 고민에 대한 답을 법정스님은 〈아름다운 마무리〉에서 다음과 같이 제시하고 있다.

'흔히 노후에 대한 불안을 이야기하는데 그것은 아직 오지 않고 있는 이다음 일이지 지금 당장의 일은 아니다. 세상물정 모르는 철없는 소리일지 모르지만 지금 이 순간을 자신의 분수에 맞게 제대로 살고 있다면 노후에 대한 불안에 주눅 들지 않을 것이다. 모든 살아 있는 것들은 지금 이 순간을 살고 있다. 지금 이 순간은 과거도 미래도 없는 순수한 시간이다. 언제 어디서나 지금 이 순간을 살 수 있어야 한다.'

은퇴할 때 가지고 있는 부의 크기가 자신의 분수일 가능성이 높다. 수십 년을 살면서 수많은 시행착오를 거쳐 이룬 결과가 현재의 부일 가능성이 높기 때문이다. 일부는 강하게 아니라고 부정하겠지만 은퇴시점의 부의 크기가 자신의 그릇의 크기가 아닐까? 자신의 그릇이 지금보다 더 크다고 생각하는 사람은 그 부족분을 은퇴 이후에도 메우려고 노력할 것이다. 일을 할 수 있는 기간 동안에도 채우지 못한 그릇을, 체력도 정신도 예전 같지 않은 시기에 채우려고 한다. 자칫 무리수가 따를 경우 현재 있는 그릇도 깨어질 수도 있다는 것을 알아야 할 것이다.

법정스님의 말대로 부족하다고 생각되지만 그 정도가 나의 그릇의 크기라고 생각하고 그 상황을 그대로 받아들이고 감사하면서 그 속에서 자족하는 삶. 욕심을 내려놓고 현재의 은퇴자금 범위에 맞게 씀씀이를 조절하고 지금 이 순간 하루하루 최선을 다해 살면서 행복을 가꾸는 삶이 더 아름답지 않을까!

선지자들은 괴로움은 욕심, 집착, 애욕에서 비롯된다고 하였다.

지나간 과거에 연연하지 않고 현재의 주어진 상황 아래서 자신이 좋아하거나 하고 싶은 일을 하면서 사는 것이 그 어떤 많은 부를 가진 삶보다도 값지고 축복된 삶이 아닐까. 자존심, 체면, 미래에 대한 불안 등을 생각한다면 간절히 바라는 행복한 인생은 더 멀어지는 결과를 초래할 것이다. 자신에게 주어진 현재 상황에서 할 수 있는 일을 찾는 것이 현명한 선택이다. 그러면 새로운 길이 열릴 것이다. 부처님은 인간을 '부족한 것이 없는 존재'라고 하였다. 자신이 진정한 부자라고 철썩 같이 믿고 최선을 다해 살아간다면 부족할 때 누군가 도움의 손길이 다가와 그 부족한 것을 채워줄 것이다. 이것이 인생이다.

삶은 과거나 미래에 있지 않다. 바로 지금 이 순간을 살 줄 알아야 한다. 순간순간 그날그날 어떤 마음으로 사는가에 따라 삶이 달라진다. 누가 나를 만들어 주는 것이 아니라 나 자신이 나를 만들어 간다는 사실을 마음에 새겨 놓아야 할 것이다.

이 책에서는 물질사회, 경쟁사회에서 살아가는 현대인이 장수시대에 걸 맞는 돈과 삶의 철학 또는 삶의 기술에 대하여 이야기하고자 한다. 독자들이 이 책을 통하여 긴 인생을 행복하게 즐길 수 있는 나만의 돈과 삶의 철학을 만들고 그것을 실천하며 살아가는데 한 가닥 도움이 되기를 바란다.

자본주의 **경쟁사회**에서 왜 **무소유**정신이 필요한가?

자본주의 **경쟁사회**에서
왜 **무소유정신**이 필요한가**?**

부자마인드는 부자가 되기 위해 필요한 정신으로, 무소유정신은 재산을 소유하지 않는 정신으로 각각 정의할 경우, 양자는 서로 대립되는 개념이다.

전자는 재산을 쌓는 데 필요한 정신이고, 후자는 재산을 쌓지 않는 정신이라고 생각하기 때문이다. 이러한 생각은 피상적으로 살펴본 결과이다. 두 개념을 깊이 파고들 경우 많은 유사점을 가지고 있다는 것을 알게 될 것이다. 이제부터 두 개념을 파헤쳐 보기로 한다.

2010년 봄, 〈무소유〉의 저자 법정스님의 입적으로 무소유에 대한 뜨거운 관심을 불러일으켰다. 무소유정신은 부자열풍에 젖어 있는 우리나라 사회에 신선한 충격을 주었다. 그래서 필자도 법정스님의 책을 여러 권 탐독하게 되었다. 당시 필자는 부자마인드연구소를 운영할 정도로 어떻게 하면 돈을 많이 그리고 빨리 모을 것인가에 모든 관심을 쏟고 있는 중이었고, 과거 직장생활을 할 때도 빨리 부자가 되려고 무던히 애쓴 사람이기에 무소유정신은 나와는 전혀 상관없는 일이었다.

그렇지만 2010년 3월에 법정스님이 입적 한 후, 스님의 책이 품절되느니 어떠니 하면서 뜨거운 관심을 받고 있는 즈음에, 필자는 수술을 하기 위해 병원에 입원하는 사건이 생기면서 병상에서 무료함을 달래기 위한 요량으로 법정스님의 책이 내 손에 들어 오게 되었다. 수술회복 과정에서의 육체적 고통과 함께, 2006년 퇴직 후 안정적인 밥벌이를 마련하지 못한 현실에 대한 고민 그리고 50대라는 적지 않은 나이 등이 어우러지며 복잡한 심리적 상태 속에 빠져 있던 필자에게 법정스님의 무소유정신은 지금까지 살아온 나의 삶에 새로운 길을 제시해주는 것 같아 스님이 쓴 책에 푹 빠지게 되었다.

〈일기일회〉, 〈한 사람은 모두를 모두는 한 사람을〉, 〈아름다운 마무리〉 등 법정스님의 책들을 통하여 얻은 무소유정신을 부자마인드로 철저히 무장하였던 내 자신의 삶에 접목하면 무엇인가 새로운 나만의 삶의 철학을 얻을 수 있을 것 같았다.

퇴원 한 후에도 머릿속에서 이런 저런 생각이 머릿속을 헤집고 다녔다. 도저히 생각만으로는 해결이 될 것 같지 않아서 중요한 화두를 하나씩 정하여 그것을 여러 날 생각하고 또 생각한 내용을 글로 써서 조금씩 정리하기 시작하였다. 여러 개의 화두가 글로써 논리적으로 연결되고 정리되면서 두리뭉실하던 생각들이 하나의 연결된 개념으로 구체성을 가지게 되었고, 필자와 비슷한 상황에 처해 있는 사람들에게 좋은 해결의 실마리를 제시할 수 있을 것 같아 이 글을 쓰게 된 것이다

결론적으로 말하자면 돈·재물은 부자마인드로 접근하되, 일상에서는 무소유정신으로 살아가는 삶이 현대 자본주의 사회에서 자신을 잃지 않고 자기 식대로 살아갈 수 있는 삶의 철학이라고 생각한다. 이러한 결론을 내리게 되기까지의 이야기와 그 내용 그리고 실생활에서 어떻게 실천할 것인가에 대하여 지금부터 하나씩 구체적으로 써내려 가고자 한다.

자본주의 사회에서 사는 한, 일정 수준의 돈은 필요하다. 이왕이면 부자가 되는 것이 좋다고 생각할 수도 있다. 그러나 재물을 소유하는 것에 필요 이상으로 삶의 에너지가 투입될 경우 자기 자신을 위한 삶을 살기 어렵게 된다. 돈과 삶의 조화로운 균형이 필요하다. 그래서 필자가 제시하고자 하는 삶의 캐치프레이즈는 '돈은 부자마인드로, 생활은 무소유정신으로' 사는 삶을 살자는 것이다.

돈을 모으기 위해 부자마인드만으로 살거나 무소유정신만으로 사는 삶보다 행복한 삶이 될 것으로 확신한다. 부자마인드와 무소유

정신을 각각 살펴보고 양자를 비교하면서 이러한 결론을 내리게 된
과정을 이야기하고자 한다.

1. 부자마인드

부자마인드란 부자가 되기 위해 필요한 정신 또는 성공한 부자들의 습관이다. 인류가 생긴 이래 수많은 부자들이 존재했으며 지금도 태어나고 있다. 그들이 직접 쓴 책도 있고 그들을 연구한 책들도 많다. 필자는 현재 '부자마인드연구소'란 회사를 운영하고 있다. 부자마인드연구소라는 명칭을 쓰기까지 부자에 관련된 책을 수많이 읽고 그들의 정신을 연구한 필자는, 그 중 대표적인 부자마인드 10가지만 간추려 보기로 한다. 가난한 사람, 즉 빈자의 생각과 대비하여 설명하면 다음과 같다.

1 부자는 '내가 내 삶을 만든다. 삶은 내가 통제한다.'는 정신을 가지고 살아간다.

빈자는 '삶이 나를 이렇게 만들었다.'라고 생각한다.

② 부자는 변화를 긍정적으로 생각하고 즐긴다.

빈자는 변화를 두려워하고 현실에 안주한다.

③ 부자는 기회에 집중하고 적극적으로 행동한다.

빈자는 기회가 왔을 때 안 되는 점, 어려운 점 등 부정적인 생각을 먼저 찾는다.

④ 부자는 일한 결과에 따라 보상을 받는 것을 좋아한다.

빈자는 안정된 보상을 받는 것을 선호한다.

⑤ 부자는 성공의 순간 반드시 가족과 함께 한다.

빈자는 성공을 가족보다 중요하게 생각한다.

⑥ 부자는 부자가 되기 위해 헌신을 하며 흔들림이 없다.

빈자는 부자가 안될 수도 있다는 회의감을 가지고 있다.

⑦ 부자는 이기려고 머니 게임(money game)을 한다.

빈자는 지지 않으려고 머니 게임을 한다.

⑧ 부자는 순자산을 늘리려고 노력한다.

빈자는 소득이 늘면 지출도 늘린다.

⑨ 부자는 돈이 나를 위해 일하도록 한다.

빈자는 돈을 벌기 위해 열심히 일한다.

⑩ 부자는 이웃과 부를 나눈다.

빈자는 나눌 정신적 여유가 없다.

위에서 설명한 부자마인드는 부자가 되려면 삶과 돈에 대하여 어떤 마인드로 접근하는지를 보여준다. 위에 열거한 10가지 마인드는 크게 2가지 범주로 나눌 수 있다. 즉 삶에 관련된 마인드와 돈과 관련된 마인드로 구성되어 있다.

처음 다섯 가지 마인드가 전자에 해당되며, 나머지 다섯 가지는 후자에 해당된다. 각 마인드에 대해 상세히 설명하면 다음과 같다.

첫 번째와 두 번째 마인드는 능동적이고 주도적인 삶의 자세와 관련되어 있다. 부자는 주위 환경을 탓하지 않는다. 주위 환경을 자기에게 유리하게 전개되도록 유도하고 통제하려는 마인드를 가지고 있다. 또한 현실에 안주하지 않고 항상 변화를 추구하며 즐긴다. 변화를 즐기는 과정에서 기회가 찾아온다. 그 기회를 놓치지 않는다.

부자가 되려면 일을 할 때, 세 번째와 네 번째의 마인드를 가지고 임하여야 한다. 일을 하면서 겪게 되는 어려움이나 장애를 오히려 성장을 위한 기회로 생각하고, 그 현실을 긍정적으로 받아들여 그것을 뛰어넘는데 많은 에너지를 투입한다. 그리고 그 과정에서 발생하는 결과를 기꺼이 수용하여야 한다. 또한 현재에 안주하지 않는다. 안정적인 보상을 바라지 않는다. 항상 현재보다 나은 성과를 얻기 위해 최선을 다하고 그에 따른 보상을 받는 것을 즐긴다.

다섯 번째, 진정한 부자는 부나 성공보다 가족을 더 중요하게 생각한다. 가족과 함께 하지 않거나 가족의 희생을 바탕으로 한 부나 성공은 의미가 없다는 것을 안다. 가족을 잃고 얻은 부는 결코 행복으로 이어지지 않는다. 가족을 잃으면 모든 것을 잃는 것이다. 부자가 되기까지의 과정은 물론 부자가 되어서도 가족과 함께 할 때 그 의미가 있다.

여섯 번째 부자마인드는 아직 시간이 도래하지 않았을 뿐, 자신이 미래에 부자가 되는 것에 한 점의 의심도 하지 않는다. 따라서 어떤 의사결정을 하거나 행동을 할 때 부자처럼 생각하고 판단하고 실행한다.

일곱 번째부터 아홉 번째까지는 부자가 되려면 어떻게 돈을 다루어야 하는 지를 알려 주고 있다. 부자마인드는 일단 머니 게임을 하게 되면 무조건 이기는 게임이 되도록 한다. 어떤 게임에서 이기려고 작정하고 애를 쓰게 되면 그에 걸맞는 전략, 전술, 아이디어가 나오거나, 그렇지 않으면 운이라도 따라 주어 결국 이기게 된다. 반면 지지 않으면 된다 또는 질 수도 있다는 소극적인 자세로 게임에 임했을 경우 좋은 결과를 얻고도 결국에는 질 확률이 높다. 그러므로 반드시 이기는 게임을 해야 한다는 마인드를 가지고 임해야 한다.

그리고 순자산을 늘리되 그 돈이 스스로 굴러가는 시스템을 만들어야 한다. 순자산을 늘리기 위해서는 소득을 늘리는 것보다 소비를 줄이는 것이 더 쉽다. 그리고 소득이 올라가더라도 소비는 현재 수준을 유지하는 선에서 이루어져야 한다. 소득에 따라 소비도 늘어난다면 순자산이 증가하는 속도는 느릴 수밖에 없다. 돈을 벌기 위해 일하기 보다 돈이 나를 쫓아오도록 하여야 한다. 내가 자는 동안에도 돈이 나를 위해 일하는 투자처를 찾아 투자하거나 그런 시스템을 만들어야 한다. 임대부동산에 투자하거나 내가 없더라도 잘 돌아가는 회사를 설립하는 것들이 이에 해당된다.

마지막으로 진정한 부자는 모은 재산을 이웃과 함께 나눌 수 있어야 한다. 이웃에 피해를 주면서 이룬 부는 일시적인 행복을 줄지는 모르지만 오래 가지 않는다. 내가 부자가 된 것은 가까운 주위 사람으로부터 사회에 이르기까지 많은 사람들로부터 음으로 양으로 도움을 받았기 때문이다. 그러므로 부를 이웃과 나누는 정신이 필요하다.

생각이 외부로 나타나고 그것이 지속적인 행동으로 반복되어 일상생활로 굳어진 것을 습관이라고 한다. 부자가 되려면 부자마인드를 의식하지 않더라도 일상생활에서 행동으로 나타나도록 하여야 한다. 그렇게 하려면 어떻게 해야 할까?

우리는 걷고 싶을 때 어떻게 해야 걸을 수 있는지 의식하지 않더라도 걸을 수 있다. 숨쉬는 것도 마찬가지다. 걷거나 숨쉬는데 필요한 정보들이 뇌의 무의식 공간에 저장되어, 의식하지 않더라도 꺼내져서 뇌가 필요한 곳에 지시를 하기 때문이다. 부자마인드가 의식하지 않더라도 무의식 중에 행동으로 나타날 수 있도록 하는 습관화

작업이 이루어질 때 언젠가 부자가 되어 있는 자신을 발견하게 될 것이다.

부자마인드를 항상 마음속에 새기고 실천을 반복함과 동시에 부자가 되려는 강력한 열망과 신념이 곁들여졌을 때, 부자마인드는 인간의 대뇌피질과 변연계를 거쳐 마침내 뇌간에 저장되어 부자마인드를 일상생활에서 의식하지 않더라도 이루어지는, 즉 습관의 단계가 될 수 있다. 쉽게 말해서 생각이 행동으로 나타나고, 그러한 행동이 반복되는 가운데 어느 순간부터 무의식적으로 이루어질 때 부자마인드가 몸에 배게 된 것으로 보면 된다.

부자마인드는 눈에 보이지 않으므로 일반인들이 알기 어렵다. 그렇지만 부자의 행동은 관찰이 가능하다. 따라서 부자의 행동 패턴을 조사, 연구하여 부자의 마인드를 유추하고 반복적으로 나타나는 부자의 행동, 즉 습관을 따라 하면 된다. 서점이나 도서관에 부자의 생활습관과 투자습관에 대한 수많은 연구서나 책들이 나와 있다. 이들 자료들을 분석하여 공통되게 주장하는 부자의 생활습관 및 투자습관을 알아보기로 한다.

여기서 말하는 생활습관이란 돈과 관련하여 일상생활에서 이루어지는 습관을 말한다.

부자는 일반인과 다른 무언가가 있기 때문에 부자가 되었을 것이다. 조그만 차이가 한 달, 일 년 그리고 수십 년 세월이 흐르면서 큰 차이를 만들어 부자가 되게 하였을 것이다. 로또나 거액의 유산을 받지 않는 한, 부자의 시작은 미미하였을 것이다라는 전제가 성립되어야 부자의 생활습관을 찾는 노력이 의미를 가지게 된다.

부자의 생활습관을 살펴보면,

첫 번째, 부자는 먼저 자기 수입 내에서 생활하되 저축을 먼저 하고 나머지로 생활한다. 자신의 라이프사이클에 맞는 인생설계를 통하여 필요한 목적자금을 계산하고 그 돈을 모으기 위해 매월 또는 일정기간 얼마를 저축해야 하는지를 파악한다. 그리고 가능한 그 금액을 소득에서 먼저 떼어내 저축하고 나머지로 생활하는 습관을 가지고 있다. 보통사람은 먼저 먹고 입는데 돈을 쓰고 돈이 남으면 그 돈을 저축한다. 심한 경우 소득 이상을 지출하고 부족한 돈을 대출로 해결하다가 마침내 파산하는 사람도 있다.

두 번째, 부자는 가계부를 쓴다. 가계부를 쓰는 목적은 돈을 통제하기 위해서다. 꾸준히 가계부를 쓰다 보면 돈이 어디서 들어오고 어디로 새어 나가는지를 알게 되어 필요한 목적자금을 모으기 위해 필요한 돈의 량과 속도를 조절할 수 있게 된다.

예를 들어 쌀농사를 지을 때 가장 중요한 것은 논의 물이 고갈되지 않도록 조절하는 것이다. 논에 물이 부족한 경우 물을 댈 상류 쪽 수로를 확장하여 기존보다 많은 물이 흐르도록 하거나 새로운 수로를 만들면 된다. 그런데 이것이 어려운 경우 물이 빠져 나가는 하류 쪽 수로를 막거나 최소한의 물만 빠져 나가도록 관리하여야 한다.

돈 관리도 이와 비슷하다. 돈이 들어오는 파이프 수를 늘리거나 그 크기를 확대하면 되지만, 이것이 어려운 경우 돈이 빠져나가는 파이프의 수를 줄이거나 파이프 구멍의 크기를 좁히는 작업이 필요하다. 이러한 작업에 필요한 도구가 가계부다. 가계부를 통하여 돈이 빠져나가는 구멍을 막거나 좁혀서 원하는 돈을 모으는 것이다.

월급쟁이인 경우 갑자기 소득을 늘리기는 어렵다. 자신의 통제력 밖에 있을 가능성이 높기 때문이다. 그러나 소비지출은 내 통제범위 내에 있다. 따라서 부자가 되려면 먼저 소비지출 통제부터 시작하여야 한다. 통제를 잘 하려면 주먹구구식으로 하는 것보다 좋은 도구의 도움을 받는 것이 좋다. 그것이 바로 가계부다. 가계부의 목적은 한정된 소득의 최적배분을 통한 부의 극대화에 있다. 모든 지출항목을 빠짐없이 적는 것도 중요하겠지만 불필요한 항목, 상대적으로 중요도가 떨어지는, 그래서 지출하지 않아도 되는 항목을 찾아 그것에 지출될 돈을 생산적인 곳으로 돌리는 것이 중요하다. 이러한 목적을 달성할 수 있는 각종 아이디어를 찾아 실천을 많이 하면 할수록 빨리 부자가 될 것이다.

세 번째, 부자는 유혹에 저항하지 않고 회피한다. 백화점이나 TV 홈쇼핑은 소비를 유혹하는 대표적인 블랙홀이다. 이런 유혹에 넘어가 물건을 사지 않을 자신이 있더라도 백화점 출입을 극히 자제하는 것이 좋다. 출입을 아예 하지 않으면 더욱 좋다. 또한 TV를 볼 때 TV홈쇼핑 채널은 가능한 돌리지 않도록 한다. 채널을 돌릴 때 홈쇼핑 채널은 스킵(skip)되도록 채널을 조작하는 것도 지혜다. 신용카드도 마찬가지다. 신용카드를 가지고 다닐 경우 과소비를 할 확률이 높다. 아예 신용카드를 만들지 않는 것이 현명하다. 카드를 만들더라도 한 개를 넘지 않도록 한다. 인간은 유혹에 약하다. 자신을 너무 과신하지 말아야 한다. 10번 잘 참다가도 한 번 못 참으면 그 동안의 노력은 물거품이 되는 경우를 자주 경험하였을 것이다.

마지막으로 부자는 소득에 따라 소비를 늘리지 않는다. 소득이 부자를 만드는 것이 아니라 저축이 부자를 만들어 준다. 월급이나 사업소득이 늘어나더라도 오르기 전의 소비규모를 그대로 유지하는 것이 중요하다. 맞벌이 부부가 홑벌이 부부보다 소득이 많을지는 모르지만 5년, 10년 후 자산을 비교하면 홑벌이 부부가 많은 경우가 더 많다는 사실은 이를 증명하고 있는 셈이다.

이상 4가지가 부자의 대표적인 생활습관이다. 이런 생활습관을 실천하면 몇 년 지나지 않아 투자할 만한 종자돈이 쌓여 있는 자신의 모습을 발견하게 될 것이다. 다음으로 부자의 투자습관에 대하여 알아보면 다음과 같다.

:: 부자의 투자습관

부자의 투자습관은 많은 부자 관련 책에서 소개하고 있기 때문에 대표적인 것 몇 가지만 설명하기로 한다. 상세한 내용은 투자 또는 부자 관련 책을 참고로 하면 될 것이다.

원금을 안전하게 지킨다.

세계적인 부호 워렌 버핏은 투자의 제1원칙으로 원금을 잃지 마라, 제2원칙으로 제1원칙을 잊지 마라 할 정도로 투자원금을 안전하게 지키는 것이 투자의 기본이라고 하였다. 돈을 버는 것도 중요하지만 돈을 잃지 않는 것은 더욱더 중요하다는 의미이다.

원금을 안전하게 지키려면 얼마의 수익을 얻을 수 있는가에 대한 분석보다 투자가 내포하고 있는 모든 위험을 찾아 분석하는 것이 먼저 선행되어야 한다. 투자 대상이 동일한 시장에서 거래되는 것보다 높은 수익을 준다고 할 경우 왜 더 주는지 이유를 찾고 그 이유가 타당한지 분석하여야 한다. 투자상식에 비추어 볼 때 이해하기 어려운 경우 투자를 재검토하여야 한다. 세상에 공짜란 없기 때문이다.

장기 분산 투자한다.

5년 이하 단기자금은 예금이나 채권, 채권형 펀드 등 변동성이 낮은 곳에 투자를 하여야 한다. 변동성이란 투자대상의 가격이 경기 변동, 시장상황, 기타 변수에 따라 오르고 내리는 현상이 크거나 빈도가 큰 것을 말한다. 대표적인 것이 주식이다. 1년 후 사용할 아파트 잔금을 주식에 투자하였다가 마침 주가가 계속 떨어져 1년 내내 원금 회복이 되지 않은 경우 손실을 보고 팔 수밖에 없게 된다. 그러므로 가격의 변동폭이 큰 투자대상에는 5년 이후에나 지출할 돈, 즉 장기자금으로 투자하여야 한다.

돈을 모두 부동산이나 주식펀드에 모두 투자하는 것도 위험하다. 일본처럼 부동산버블이 발생하여 10년 이상 침체를 할 경우 부동산에 모든 돈을 투자한 사람은 심각한 상황에 처하게 될 것이다.

2008년 미국발 국제금융 위기도 마찬가지다. 하루아침에 주식이

휴지가 되는 사태도 일어나고 있다. 앞으로는 어떤 상황이 발생할지 예측하는 것이 더욱 어렵다. 갈수록 변화무쌍하다. 과거 경험이나 지식으로 미래를 예측 하는 것이 갈수록 어렵다. 그러므로 과거 경험에 근거하여 한 곳에 모든 자산을 투자하는 잘못을 저지르지 않아야 한다.

결론적으로 단기 자금은 안정적인 시장에, 장기자금은 변동성 있는 시장에 투자하되 분산 투자하도록 하여야 한다. 부동산도 주택, 상가 등 종류에 따라 변동성의 크기, 빈도가 다르다. 물론 주식도 회사별, 펀드별로 변동성의 움직임이 다르다. 가능한 골고루 섞어, 특정 자산의 가격 폭락으로 원금손실을 입을 가능성을 최소화 하도록 해야 한다.

효율적 자산배분을 한 다음 종목 투자를 한다.

좋은 상품이라고 신문이나 방송에서 선전하는 해당 판매회사의 말을 믿고 투자하지 않도록 하여야 한다. 가장 먼저 투자목적, 투자기간, 투자가능금액을 정하고 이에 맞는 자산배분 즉 포트폴리오를 결정한다. 그리고 부동산과 주식, 채권 등에 투자할 금액 범위 내에서 그에 맞는 개별상품을 선택해야 한다. 보통 개별상품을 가입하였다가 나중에 자신이 원하는 목적을 달성하는데 맞지 않는다고 하여 중간에 해약하는 경우가 많다.

허준과 같은 명의가 이몽룡에게 내린 좋은 보약 처방전이 변학도에게도 좋은 처방전이 될 수 있을까?

이몽룡과 변학도는 체력, 체질, 식습관이 서로 다르기 때문에 처방전이 달라야 한다. 투자상품도 자신에게 맞는 상품을 선택하여야 한다. 아무리 좋은 상품이라도 나에게 맞지 않는다면 부작용을 불러일으킬 뿐이다. 오히려 치명적일 수도 있다. 사람마다 투자목적, 투자기간, 필요금액이 각기 다르기 때문이다.

적당한 리스크(risk)가 있는 의미 있는 곳에 투자한다.

위험을 두려워하면 안 된다. 리스크와 맞서야 수익을 올릴 수 있다. 리스크가 너무 낮거나 큰 경우 모두 문제가 있다. 리스크가 너무 낮은 경우 수익률이 낮고 인플레이션 위험을 커버하기 어렵다. 또한 목적하는 금액을 만드는데 너무나 많은 시간이 소요된다. 반대로 리스크가 너무 크면 높은 수익률을 올릴 수는 있겠지만 원금손실을 볼 위험도 높아진다. 따라서 적당한 리스크와 그에 상응하는 수익률을 얻을 수 있는 곳에 투자하여야 한다. 극단에 치우치는 것은 올바른 투자가 아니다.

투자목적과 투자기간, 금액이 정해지면 필요한 수익률을 대부분 계산할 수 있다. 이렇게 계산된 수익률에 맞는 위험을 가진 투자대상을 선택하여 투자하면 된다. 적당한 리스크는 정기예금이나 국채 수익률을 기준으로 판단하면 된다. 예컨대 3년 만기 정기예금의 수익률이 4%라면, 주식형 펀드인 경우 2배 수준의 수익이 적당하다고 할 수 있다.

잘못된 투자로 판명된 경우 빨리 손절매한다.

기대와 달리 잘못된 투자로 판명되는 경우 이를 인정하고 빨리 빠져 나와야 한다. 머뭇거리는 순간 엄청난 손실을 볼 수 있다. 작은 손실이 큰 손실을 막는다는 것을 명심해야 한다. 일반적으로 사람들은 손실이 실제화하는 것을 두려워하는 경향이 있다. 투자기회는 많다. 그러므로 손실이 적을 때 빨리 탈출하여 그 보다 더 좋은 투자처를 찾아 가능한 빠른 시간 안에 그 손실을 회복하도록 하여야 한다.

원하는 수익을 달성하면 빨리 현금화한다. 과욕을 부리지 않는다.

원하는 수익을 달성하면 빨리 현금화하여야 한다. 손실과 마찬가지로 수익이 날 때도 탐욕 때문에 이익실현 시기를 놓치는 경우가 많다. 과욕을 부리지 말아야 한다.

투자를 할 때 목표수익률을 미리 정하고 투자하는 습관을 들여야 한다. 따라서 투자에서 손을 떼는 상한선인 목표수익률과 하한선인 목표손실률을 각각 정하고 기계적으로 의사결정을 할 수 있는 습관을 들이는 것이 장기적으로 높은 누적수익률을 올릴 가능성이 높다. 한두 번은 운이 좋아 성공할 수 있으나 수십 년 동안 수많은 투자를 하는 상황에서는 계속 운이 좋으리라는 법은 없기 때문이다. 소중한 재산을 운에 맡기기에는 우리의 삶이 너무나 소중하다.

예측은 신의 영역이다. 예측을 과신하여 투자하지 않는다.

확실히 일어난 일에 대하여 대응하여야 한다. 미래 예상되는 일에 대하여 미리 대응하지 말아야 한다. 예측은 신의 영역이다. 톨스토이도 '하나님은 인간이 미래를 예측하는 것을 허용하지 않으셨다'고 하였다.

시장보다 높은 수익을 얻으려면 적어도 3/4을 맞추어야 한다. 시장보다 높은 수익을 올리거나 낮은 수익을 올릴 확률은 반반, 즉 50%이다. 제때 시장에 진입하고 빠져 나오려면 거래비용이 발생하고 일정수준의 현금을 보유하여야 하므로 이들을 모두 감안할 때 3/4 정도 맞추어야 한다는 계산이 나온다.

미국에서 1995년부터 10년간 운용된 1,411개의 주식형펀드 중

S&P 500 지수를 능가하는 수익률을 낸 펀드가 2.4%에 불과하다는 조사도 있다. 그러므로 시장을 이기려고 어떤 종목을 사서 언제 팔아야 할지 고민하느라 너무 많은 시간과 정력을 낭비하지 않아야 한다. 주식이나 채권의 시장지수에 투자하여 시장수익률에 만족하고 대신 절약한 시간을 가족, 친구들과 즐거운 시간을 보내는 것이 삶을 제대로 사는 것이다. 탐욕 때문에 행복하고 자유로운 삶을 포기하지 말라.

집착하지 않는다.

현재보다 더 좋은 투자처가 나타나면 언제든지 갈아탈 수 있는 기동성을 갖추어야 한다. 사람들은 한 번 성공하면 거기에 매달리는 경향이 있다. 부동산에 성공한 사람, 삼성전자 주식에 투자하여 성공한 사람은 부동산 또는 삼성전자에서 계속 이익을 내려고 한다. 다른 곳은 관심 밖이다.

이익이 있는 곳에는 어디서 어떻게 알았는지 사람들이 몰려든다. 이전보다 더 많은 이익을 내도 내게 돌아오는 몫은 적어진다. 참여자가 많아졌기 때문이다. 또 모든 것은 사이클을 그린다. 길하면 항상 길한 것이 아니라 언젠가는 흉해진다. 또 흉한 것도 언젠가는 길할 때가 있다. 어느 한 곳에 투자하고 있는 동안 다음에 투자할 곳을 찾는 노력을 병행하는 것이 현명한 투자습관이다.

낙관주의 보다 건전한 비관주의에 입각하여 투자한다.

낙관은 기대를 키우며 판단을 흐리게 하므로 투자의 적이다. 투자를 할 때 비관적일 때 어떻게 해야 할지를 염두에 두고 해야 한다. 이것이 더 큰 손실을 막는 방법이다. 낙관이 빗나갈 확률이 높은 것은 비관보다 느슨한 마음을 가지게 하기 때문이다.

대중과 거꾸로 가는 것이 옳을 수도 있다는 것을 알고 실천한다.

2007년 11월 코스피지수가 2000을 돌파할 때, 수많은 사람들이 주식시장에 뛰어들어 묻지마 투자를 하였다. 그러나 이때 팔고 나간 사람은 2008년에 콧노래를 불렀다. 그 이후 코스피지수가 1000으로 반 토막이 났을 때 일반 투자자들이 더 떨어질까 겁이나 주식을 사지 못하는 동안 반대로 주식을 반값에 산 일부 사람들은 2010년 하반기에 2배에 가까운 수익을 올렸다.

이처럼 대중과 거꾸로 갈 때 더 많은 이익을 올릴 수 있는 경우가 자주 발생하고 있다. 그렇지만 그것을 실천하는 사람은 드물다. 왜냐하면 대중과 거꾸로 가기 위해서는 투자대상에 대한 합리적 분석

능력, 용기, 결단력, 실천력이 필요하기 때문이다.

최악의 경우가 발생할 수 있음을 상정하고 대비한다. 세상에 안전한 것은 하나도 없다.

투자를 할 경우 최악의 경우에도 살아남아 계속 투자활동을 할 수 있는 대비를 하여야 한다. 시장에 대한 장미빛 시나리오가 넘칠 때에도 최악의 경우를 대비하여 항상 일정 수준의 현금이나 다른 대비책을 준비하는 습관이 필요하다.

미국이 세계를 뒤흔들 금융위기의 진원지가 되리라고는 아무도 생각하지 않았다. 그리고 선진국도 갑자기 부도상태에 빠질 수도 있다는 것도 입증되었다. 따라서 모든 투자행위에는 운이 따를 때와 최악일 때 모두를 아우르는 시나리오를 쓰고 그 대비책을 담고 있어야 한다.

2. 무소유정신

최근 미국에서는 가진 것을 모두 기부하고 복잡한 일상에서 벗어나 여행을 떠나거나 자연을 벗하면서 사는 탈물질주의적 가치관과 생활양식을 추구하는 무소유 가정이 늘고 있다.

'필요 이상의 것을 가진 사람은 그것을 제대로 사용하지 못한다. 필요 이상은 오용할 뿐이다'라는 믿음으로 자연 속에서 간편하고 자족적인 삶을 사는 운동이 일어나고 있다. 많이 벌어 쓰는 생활에서 벗어나 적게 벌고 적게 쓰는 자발적인 가난운동인 것이다.

영국의 마크 보일은 돈의 사용을 될 수 있으면 줄이자는 프리코노미(freeconomy) 운동을 벌이고 있다. 그는 최근 〈돈 한푼 안 쓰고 1년 살기〉라는 책에서 이런 무모한⁽?⁾ 실험을 하게 된 것은 간디의 책을 읽은 것이 계기가 되었다고 한다.

　'이 세상이 변하기를 원하거든 당신 자신이 그 변화가 되도록 하라'라는 간디의 말에 감명을 받아 '돈 없는 세상 만들기'라는 자신의 이상을 실천에 옮기기로 한 것이라고 한다. 이 책에서 1년간 돈 없이 산 그의 일상 중 일부를 발췌하면 다음과 같다.

　'매일 아침 헬스클럽에 가지 않는 대신 팔굽혀펴기로 몸을 푼 다음 야생 식량을 찾아 나선다. 목이버섯을 비롯해 카우 파슬리, 솔잎, 민들레 풀, 쐐기풀 등 야생 식물과 식료품 가게를 돌며 구한 유통기한이 지난 식품들, 유기농 농장에서 일하고 받은 유기농 채소가 그의 식량이다. 퇴비용 간이 화장실에서 볼일을 보며, 야생 회향 열매와 오징어 뼈를 갈아서 만든 것을 치약 대용으로 사용한다. 촛불 아래에서 책을 읽고, 교통수단으로는 걷거나 자전거를 타고 다닌다. 옷은 재활용 수거함 통에서 아직은 입을 만한 많은 옷 중에서 골라 입었다.'

　보일은 땡전 한푼 쓰지 않는 삶은 즐거웠지만 단 한가지 친구들과 만날 때가 가장 힘들었다고 한다. 돈이 없어 술집에 가지 못하는 대신 집 앞에 캠프파이어를 만들어 음악을 연주하며 시간을 보냈다고 한다. 그는 책에서 자신의 경험을 소개하면서 삶에 대한 믿음을 배운 소중한 시간이었다고 고백한다. 그리고 하루하루를 베풂의 정신으로 살아갈 수 있다면 우리는 모두 필요한 것이 생길 때마다 반드시 그것을 얻게 되어 있다고 주장하였다.

그는 이 실험을 시작하기 전까지는 돈을 쓰지 않고 살아가는 데 가장 필요한 것이 채소 재배, 옷 만들기, 목공 등 기술일 것이라고 생각했지만 이런 것은 부차적인 것일 뿐 실제로 가장 중요한 것은 체력과 자기 수양, 나눌 줄 아는 능력이었다고 말하고 있다. 그가 깨친 내용은 불교나 기독교에서 말하는 이웃에 대한 자비나 사랑으로 가득 찬 순결하고 청빈한 삶과 비슷하다.

불교에서는 일찍이 많은 스님들이 참된 수행을 위해 무소유를 가르치고 실천해 왔다. 법정스님은 각종 설법과 저서를 통하여 무소유를 강조하면서 몸소 실천하신 분이다. 법정스님이 좋아하는 작가 중 한 사람인, 미국의 헨리 소로우도 〈월든〉에서 무소유과 관련하여 자신의 삶의 철학을 다음과 같이 기술하고 있다.

'삶은 소중한 것이다. 나는 삶이 아닌 삶을 살고 싶지 않아 월든 호숫가로 갔다. 진정한 내 삶을 찾기 위해서였다. 우리는 다른 사람이 인정하는 것만을 생각하며 살아간다. 사람들은 크고 화려한 집에 살면서 그 집값을 지불하느라 죽도록 고생하고 인생의 절반을 고스란히 바친다. 인간은 자신들이 쓰는 도구의 도구가 되어버린 것이다.

우리는 모두 인생의 가치가 덜한 미래의 노년을 걱정하며 돈을 버느라 인생의 황금기를 헛되이 보내고 있다. 우리에게 절대적으로 필요한 것은 별로 많지 않다. 남아도는 부는 쓸데 없는 것들만 사들인다. 지혜로운 자는 검소하고 간소한 삶을 살았다. 나는 자유를 소중히 여기며 좀 험하게 살아도 얼마든지 행복할 수 있다고 믿는다. 소박하고 현명하게 산다면 먹고 사는 일은 힘겨운 일이 아니라 일종의 놀이 혹은 유희나 다름없다.

간소하게 간소하게 간소하게 살아라. 제발 바라건대, 여러분의 일을 두세 가지로 줄이고 백 가지 천 가지가 되도록 하지 마라. 백만 대신에 대여섯까지만 세고 계산은 손가락으로 할 수 있게 하라. 간소화하고 간소화하라. 하루에 세 끼를 먹는 대신 필요하다면 한 끼만 먹어라. 백 가지 요리를 다섯 가지로 줄여라. 다른 일들도 그런 비율로 줄이도록 하라.

내가 정말로 소중하게 여기는 것은 얽매임이 없는 자유이다. 경제적으로 풍족하지 않더라도 나는 행복하게 살아나갈 수 있으므로 값비싼 양탄자나 다른 호화 가구들, 맛있는 요리 또는 새로운 양식의 고급 주택 등을 살 돈을 마련하는 데에 내 시간을 허비하고 싶지 않다.'

그리고 그는 더 많은 것을 얻으려고만 끝없이 노력하지 말고 때로는 더 적은 것으로 만족하는 법을 배울 것을 요구하고 있다. 무소유정신은 한 마디로 정의하기 어렵다. 법정스님, 헨리 소로우 등 무소유를 주장하는 책들 속에서 공통적으로 이야기하는 내용을 통하여 필자는 다음과 같은 생각을 하였다.

부자가 되기 위해 22년 직장생활 동안 저축, 주식투자, 부동산 매매, 경매 등을 하면서 세속적인 삶을 살아온 필자의 시각에서, 자본주의와 타인과의 경쟁 속에서 행복하게 살기 위해 필요하다고 생각되는 삶의 철학으로서 무소유정신을 필자 나름대로 다음과 같이 정의하고자 한다.

무소유정신이란 '불필요한 소유로부터 얽매이지 않으면서 자기분수에 맞게 재물을 소유하고, 삶의 비본질적인 것에서 벗어나, 항상 깨어 있는 상태에서, 분별하지 말고 있는 그대로 받아들이는 가운데 오늘 이 순간순간을 후회 없이 주도적으로 사는 삶'이다.

가능한 짧게 그리고 한 문장으로 정의하려고 하다 보니 긴 문장이 된 것 같다. 이 정의의 내용을 구체적으로 풀어서 설명하면 다음과 같다.

'불필요한 소유로부터 얽매이지 않으면서'는 법정스님의 〈아름다운 마무리〉에서 명료하게 설명하고 있다.

'문명이 만들어 낸 온갖 제품을 사용하면서 '어느 것이 진정으로 내 삶에 필요한가, 나는 이것들로 인해 진정으로 행복한가?' 하고 스스로 살면서 접하는 수많은 물건을 보고 '있으면 좋겠다'라는 욕구에 충실하게 구입하는 것이 아니라 '꼭 필요한가, 이것을 가지면 진짜 행복할 것인가?' 스스로 자문하고 '예'라는 답이 나올 때 그 물건을 소유하고, 그렇지 않는 경우 소유하지도 말고 마음속에 두지도 마라는 뜻이다. 다시 말해 '꼭 필요한 물건만 소유하라'는 의미다. 헨리 소로우도 〈월든〉에서,

'우리가 집을 마련하고 나면 그 집 때문에 더 부자가 된 것이 아니라 실은 더 가난하게 되었는지도 모른다. 우리가 집을 소유한 것이 아니라 집이 우리를 소유하게 되었는지도 모른다. 우리가 집에 살고 있다기보다는 차라리 감금되어 있는 경우가 더 많다. 우리는 이웃 사람들이 소유하고 있는 정도의 집을 나도 가져야겠다고 생각한 나머지 가난하게 살지 않아도 될 것을 평생 집 마련을 위해 쪼들리는 삶을 살고 있다.'

라고 하면서 남의 눈을 의식하여 필요 이상의 집을 소유하기 위해 현재의 삶을 희생하는 것을 경계하고 있다. 또 남아도는 부는 쓸데 없는 것들만 사들인다고 일침하였다.

'자기분수에 맞게 재물을 소유하고'는 자기의 능력에 맞는 정도의 재

물을 소유하고 그 이상의 재물은 탐하지 않는 것을 의미한다. 월급이 몇 백만원인 사람이 억대 외제차를 소유하고자 하는 것은 자신의 분수를 넘는 것이다.

법정스님은 〈일기일회〉에서 다음과 같이 말하고 있다.

'사람이 행복하게 살아가는 데는 그다지 많은 물질이 필요하지 않습니다. 그럼에도 자신의 분수에 만족하지 않고 더 많은 것을 차지하기 위해 허욕을 부리기 때문에 결국은 불행해집니다. 인간의 욕망 그 자체가 나쁜 것은 아닙니다. 그 욕망이 때로는 사람을 더 나은 길로 밀어 올리는 추진력이 될 수 있습니다. 삶에 탄력을 주기 위해서라도 적당한 욕망이나 욕구는 필요합니다. 그러나 탐욕은 인간을 옴짝 못하게 얽어매고 병들게 합니다.'

그리고 〈아름다운 마무리〉에서도 자기 분수에 대해 다음과 같이 이야기하고 있다.

'사람은 저마다 자기 몫이 있다. 자신의 그릇만큼 채운다. 그리고 그 그릇에 차면 넘친다. 자신의 처지와 분수 안에서 만족할 줄 안다면 그는 진정한 부자이다.'

　자기분수에 맞는 적당한 욕구는 개인이나 사회의 발전에 필요하다. 그렇지만 그 이상의 욕구, 즉 탐욕은 자신을 불행하게 하고 때로는 주위 사람들에게 피해를 준다.

　무소유정신은 재물을 소유를 하지 말라는 의미가 아니라 자기분수에 맞는 수준까지는 소유하되 그 이상은 탐내지 않고 분수에 넘치는 것은 이웃에게 베푸는 정신이다.

　'삶의 비본질적인 것에서 벗어나'라는 것은 자신의 '본질적인 것'에 삶의 초점을 맞춘다는 뜻이다. 본질적인 것이란 내 삶에서 가장 중요한 것을 말한다. 하찮은 것, 불필요한 것, 덧없는 것, 부수적인 것은 비본질적인 것이다.

　자신에게 가장 소중한 본질적인 것은 자신이 암과 같은 불치병에 걸려 1년 또는 몇 개월 시한부 인생이 되었을 경우에도 해야 할 것은 본질적인 것이요, 하지 않아도 되는 것은 비본질적인 것이다.

　삶은 소중한 것이다. 한 번뿐이다. 지나가면 되돌릴 수 없다. 이처럼 소중한 삶을 본질적이지도 않고 하찮은 것에 소비하는 것은 잘못된 선택이다. 그러므로 지금 현재 본인이 하고 있는, 자신의 시간을 필요로 하는 일이나 활동을 전부 나열하고 그것들이 자신에게 본질적인 것인지 아닌지를 판단하는 작업이 필요하다. 나아가 앞으로 새로운 일이나 활동을 할 때 이러한 필터링(filtering) 과정을 거치는 것이 좋다. 무가치하고 비본질적인 것을 걸러내고 본질적인 것에 전념하기 위해서이다.

자신의 본질적인 것이 무엇인지 모를 경우 자아를 찾는 노력, 즉 종교에서 말하는 자기 수행이 필요하다. 대표적인 질문이 '나는 누구인가? 내가 원하는 삶은 무엇인가?'이다. 스스로에게 질문하고 또 질문하는 수행이 필요하다.

답은 질문 속에 있다. 아무도 대답해 줄 수 없다. 삶이 제각기 다르기 때문이다. 자신의 삶의 모습은 지구상에 오직 하나밖에 존재하지 않는다. 한 뱃속에서 한날 한시에 태어난 쌍둥이도 삶의 모습이 다르다. 그러므로 어느 누구도 어떻게 살아야 한다고 답해 줄 수 없다. 자기가 찾아야 한다. 종교는 단지 수행 방법만을 이야기해 줄 뿐이다. 남이 깨달은 것은 내 것이 아니다. 내 깨달음을 얻어야 한다. 남의 깨달음이 어떻더라 하고 들어도 내 마음에 다가오지 않는다. 내 가슴으로 내 마음으로 느낀 것이 아니기 때문이다. 오히려 남이 깨달은 내용이 내 뇌리에서 떠나지 않고 맴돌기 때문에 정작 나의 깨달음의 길을 가는데 장애물이 된다.

'항상 깨어 있는 상태에서'란 한눈 팔지 않고, 목적이 없거나 무의식이나 습관에 이끌려 가는 삶, 즉 무기력한 삶에서 벗어나 자신의 삶에서 본질적인 것이 무엇인가를 항상 의식하면서 잊지 않고 되새기는 마음의 상태를 말한다. 자기 삶에 있어 본질적인 것은 자신의 꿈, 목적 그리고 그것들을 이루기 위한 일이나 활동을 말한다. 목적 없이 가거나 샛길로 빠지더라도 되돌아 올 수 있으려면 자신의 본질적인 것에 대해 항상 깨어 있어야 한다.

휴대폰 판매원에서 오페라 가수가 된 폴 포츠(Paul Potts)는 수많은 시련을 겪으면서도 좌절하지 않고 꿈을 이룬 '항상 깨어 있는 삶'을 산 사람이다. 어릴 때 왕따를 당하는 것은 기본이었으며 집안 형편도 좋지 않았다. 그렇지만 음악을 향한 꿈을 키우고 있었다. 음악 교육을 제대로 받고 싶었으나 가정 형편 때문에 교육의 혜택을 받지 못하였다. 그렇지만 음악을 향한 꿈을 포기할 수 없어 28세 때 자비를 들여 이탈리아의 오페라 학교에 입학했다. 그러나 충수 파열, 부신 종양 등으로 수차례 수술을 받아야 했고, 교통사고를 당해 쇄골까지 부서지게 되어 큰 성량을 요구하는 오페라 가수로의 꿈을 접어야 할 지경까지 이르게 되었다. 각종 사고로 인한 병원치료비 등으로 생긴 빚 때문에 휴대폰 외판원으로 생계를 유지할 수밖에 없었다. 그러나 그는 어려운 상황에서도 음악으로의 열정을 놓지 않았다. 그는 2007년(37세) 우연히 영국판 아메리칸 아이돌 프로그램인 'Britain's Got Talent'에 지원서를 내어 자신의 꿈에 도전하게 되었다.

　힘들었던 삶을 음악으로 승화시킨 뛰어난 가창력으로 청중들을 감동시켜 당당히 1등으로 입상한 그는 세계적으로 유명한 오페라 가수가 되었다. 가창력을 인정 받았음에도 여전히 노력하는 자세를 가지고 음악을 향한 열정을 잃지 않고 지금도 전세계를 누비고 있다.

　폴 포츠는 음악 이외에는 한눈 팔지 않았으며—물론 생계 때문에 외판원 같은 일을 가졌지만 항상 삶 속에는 음악과 함께 하였을 것이다—자신의 삶의 본질이 무엇인지를 잊지 않았고 또한 항상 그것을 의식하는 삶을 산 덕분에 지금의 자리에 설 수 있게 된 것이다. 그는 지금도 자신의 삶의 본질인 음악을 향해 정진하고 있다. 폴 포츠가 자신의 삶의 본질인 음악에 대한 꿈을 포기하고 돈 때문에 다른 것에 한눈을 팔았다면 오늘의 폴 포츠는 없었을 것이다. 꿈을 포기한 삶, 외판원으로서의 삶은 폴 포츠에게 무의미한 삶이요, 무기력한 삶이었을 것이다.

　깨어 있다는 것은 마음의 등불을 환하게 켜놓고 대상(어떤 행위의 목적이나 목표가 되는 것)을 관찰하는 것과 같다. 폴 포츠의 경우 음악이라는 등불을 마음 속에 켜놓고 세상을 산 것이다. 등불이 꺼져 있거나 희미한 상태에서 사는 삶은 제대로 된 삶을 살기 어렵다. 그가 음악에 대한 열정이 꺼져 있었다면, 그 열정이 희미했다면 음악에 전념하는 삶을 살기 어려웠을 것이다. 항상 마음의 등불을 환하게 켜놓고 생각하고 행동할 때 대상을 있는 그대로 객관적으로 볼 수 있게 되고 본질에 전념하는 삶을 살 수 있게 된다.

비본질적인 것과 본질적인 것이 혼재된 삶의 현실 속에서 항상 깨어 있지 않으면 제대로 본질적인 것을 찾기 어렵다. 본질적인 삶을 살려면 항상 깨어 있어야 한다. 그렇지 않으면 비본질적인 삶에서 벗어나기 어렵다.

법정스님은 평범한 행위와 위대한 행위가 따로 있는 것이 아니라, 평범한 사람과 위대한 사람이 있을 뿐인데 자신이 하는 행위에 대해 깨어 있는가 아닌가에 따라 구분된다고 하였다. 깨어 있는 상태에서 하는 행위가 모여서 위대한 사람을 만든다는 뜻이다. 깨어 있는 상태가 되려면 자신의 꿈이 무엇인지, 자신의 삶에서 가장 중요하고 본질적인 것이 무엇인지 나아가 종교에서 말하는 참 자아, 본성 또는 신성, 불성을 찾는 수행이 필요하다고 가르치고 있다.

'분별하지 말고 있는 그대로 받아들이는 가운데'란 어떤 대상이나 행동에 대하여 '나/너, 착하다/나쁘다, 아름답다/추하다, 행복하다/불행하다'와 같이 이분법적으로 구분하지 말고 있는 그대로 받아들이라는 뜻이다. 분별하게 되면 그에 따른 고통이 수반된다.

어떤 대상에 집착하거나 흥분할 경우 그 대상을 제대로 볼 수 없게 된다. 자기 생각에 사로잡혀 있기 때문에 객관적 현실이 보이지 않는 것이다. 자신의 주관적 생각에 사로잡혀 객관적으로 있는 그대로 볼 수 없게 되는 것이다.

사람들은 누구나 어떤 대상을 보고 판단하는 기준을 가지고 있다. 예컨대 자기만의 가치관이나 생각을 가지고 사물을 접하고 판단한다. 처음 태어났을 때는 이러한 기준이 없었지만 자라면서 보고, 듣고, 느끼면서 서서히 자신의 고유한 판단기준이 만들어진다. 이것을 아상(我相: 자기만이 가지고 있는 생각, 개념, 모습 등)이라고 한다. 사람들은 어떤 대상을 접할 때 자신도 모르게 본능적으로 자기의 아상이 튀어나와 그것을 나/너, 좋다/나쁘다, 행복하다/불행하다 하고 분별하고 판단하는 경향이 있다. 이것이 심한 사람을 자기만 아는 사람, 이기주의, 아상에 갇힌 사람이라고 한다. 이러한 아상 때문에 사물을 있는 그대로 보고 판단하지 못하게 된다. 아상은 색안경으로 비유할 수 있다. 사람들은 저마다 자신이 만든 색안경을 끼고 세상을 바라보고 있다. 그래서 세상을 '있는 그대로' 보지 못하는 것이다.

필자도 타인과 대화를 할 때 그 사람의 이야기 중 나에게 이익이 되거나 내 생각과 비슷할 경우 고개를 끄덕이면서 열심히 경청한다. 그러나 나에게 불리하거나 내 생각과 다른 것을 말할 때는 그 순간 그 사람의 대화를 끊고 내 주장을 펴거나, 차마 대화를 끊지 못하더라도 마음 속으로 그 사람의 말을 반박하는 생각이 불쑥 튀어나와

내 머릿속을 가득 채운다. 그리고 상대방의 이야기가 제대로 들리지 않는 경우도 종종 발생한다. 심한 경우 그 사람의 말을 건성으로 들으면서, 마음속으로 '너는 떠들어라'하며 다른 생각에 빠져들곤 한다. 몸과 입은 그 사람과 대화하고 있으나 마음은 다른 데 가 있는 것이다. 헤어지고 나면 그 사람과 무슨 대화를 나눈 것인지 잘 기억이 나지 않는다. 상대방과 나 사이에 아상(我相)이 끼어들어 그 사람과 그 사람의 생각을 '있는 그대로' 듣고 받아들이는 것을 방해한 것이다. 내 색안경을 끼고 그 사람을 보았기 때문이다.

법정스님은 〈일기일회〉에서 다음과 같이 이야기하고 있다.

'올 여름 중 가장 무더운 날이다, 올 겨울 중 가장 추운 날이다 하고 분별하기 때문에 더위나 추위라는 고통을 느끼게 된다. 일에 열중하는 사람은 더위도 없다. 용광로 앞에서 일하는 사람들에게는 더위가 감히 범접할 수 없다. 이는 자신이 곧 더위가 되었기 때문에 또 다른 더위가 덮칠 수 없는 것이다. 이처럼 분별하지 않고 자신이 삶 그 자체가 되어 살아 가면 불행과 행복을 피할 수 있다.'

회사가 부도가 나서 비참한 삶을 살거나 큰 병에 걸려 고통 속에 있더라도 비참하다, 고통스럽다 또는 불행하다고 분별을 하지 않고 그 상황을 있는 그대로 받아들인다면 그에 따른 고통을 느끼지 않는다는 뜻이다. 그리고 그 상황에서 최선을 다할 때 새로운 삶을 열 수 있다.

승려이자 사회운동가인 법륜스님도 사물이나 사건을 '좋다, 나쁘다'라고 보지 말고 있는 그대로 보고 합리적인 해결책을 찾는 것이 중요하다고 하면서 〈기도〉에서 다음과 같이 설법을 하고 있다.

'일어나는 사건은 좋은 것도 아니고 나쁜 것도 아닙니다. 그냥 일어나는 사건일 뿐입니다. 교통사고가 일어났다고, 승진에 실패했다고, 시험에 떨어졌다고 해서 반드시 나쁘다고만 볼 수 없습니다. 그건 지금의 내 생각이고, 그런 일은 그저 하나의 현상일 뿐입니다. 그건 좋은 것도 아니고 나쁜 것도 아닙니다. 그걸 내가 어떻게 보느냐에 따라 좋은 일이 되기도 하고 나쁜 일이 되기도 합니다. 어떤 일이 벌어질 때마다 '좋다, 나쁘다'에 항상 끌려 다니면 괴롭습니다. 수행을 하면 보통 사람이 나쁘다고 하는 것에서도 좋은 점을 발견할 수 있습니다.'

엄청나게 불행한 사건을 겪었지만 '좋다, 나쁘다'라고 분별하지 않고 있는 그대로 받아들이고 합리적인 해결책을 찾아 과거보다 더 열심히, 행복하게 살아가는 사람의 예를 찾아보면 다음과 같다.

대학 4학년 재학 중이던 2004년, 교통사고로 얼굴을 포함한 전신 55%에 3도 중화상을 입어 지금까지 얼굴이식 수술을 30번이나 하고도 화상의 흔적이 심각한, 일그러진 얼굴로 살아가고 있는 이지선의 삶에 대한 기사가 2010년 11월 13일 조선일보에 실렸다. 우리에게 '지선아 사랑해'로 알려져 있는 그녀다. 그녀 자신 스스로 '홀라당 타버린 여자'라고 말하면서 킥킥 웃는다고 한다. 그녀는 어떻게 그런 절망에서 벗어나 열심히 살고 있을까에 대한 답을 인터뷰 내용에서 찾을 수 있다. 요약하면 다음과 같다.

'내 얼굴은 화상으로 마치 영화 스크림(Scream)에 나오는 마스크 같다. 그렇지만 그게 나였다. 익숙해지려고 거울을 볼 때마다 나에게 인사했다. "안녕, 이지선!"하면서. 괴물 같지만 자꾸 보니까 나름 귀여웠다. 내 얼굴을 받아들이고 사랑하게 된 것은 '살아 있는 것만으로 축복'이라는 말과 별 것 아닌 일들에도 '감사하는 습관'을 들인 것 때문이다. 병상에서 통증에 시달릴 때 하루 한 가지씩 '감사 찾기'를 했더니 진통제가 줄 수 없는 마음의 평화가 찾아왔다. 시간이 지나면서 별것 아닌 일들에 감사하는 것이 습관이 되고 일상이 되었다. 습관이란 게 무서운 것 같다. 하나씩 감사할 때마다 신기한 힘이 마음에서부터 퐁퐁 솟아난다. 그러면서 고난 자체가 가장 큰 축복이 될 수도 있음을 깨달았다. 사고가 일어나지 않았다면 생명이 얼마나 소중한 것인지, 사랑이 얼마나 따뜻한지, 절망이 얼마만큼 사람을 죽일 수 있는지, 기쁨과 감사는 얼마나 작은 것에서부터 비롯되는지를 몰랐을 것이다. 사고는 이런 것들을 알게 해 준 고마운 존재였다.

일그러진 얼굴 때문에 땅만 보고 걸어야 했던 내가 등을 꼿꼿이 펴고 사람들과 눈을 마주치며 이야기 할 수 있게 되었고 고개를 들고 하늘을 볼 수 있는 여유를 누리게 되었다. 눈을 감고 잘 수 있게 됐고 말할 때 침을 흘리지도 않는다. 10년 전 사고 직후에는 상상할 수 없는 일들이다. 남의 시선을 이기고 당당하게 사는 길은 자기 자신을 있는 그대로 받아들이는 것이다.'

우리 사회, 특히 한국에서 얼굴이 생명인 여자가 화상으로 일그러진 얼굴을 가지고 남과 시선을 마주하면서 살아가기란 쉽지 않다. 그렇지만 그녀는 일그러진 얼굴을 있는 그래도 받아들이는데 성공하였다. 그래서 과거보다 더 열심히 자기 식대로 살아가고 있다. 사고 이후의 삶을 덤이라 생각하고 소외 받는 이웃에 도움을 주고자, 그녀는 지금 미국 UCLA에서 사회복지학 박사과정을 밟고 있다.

개그 그룹 '틴틴 파이브'의 일원인 개그맨 이동우도 있는 그대로를 받아들인 삶을 살고 있다. 2004년 망막 색소변성증이라는, 눈의 망막 세포가 변해 바깥 시야가 좁아지면서 터널처럼 가운데 부분만 보이다 점차 시력을 잃는 병을 앓다가 실명 판정을 받아 이제는 1급 시각 장애인의 삶을 살고 있다. 그는 2010년 11월 9일 조선일보 에

세이 기고문에서 고통과 불행을 겸허하게 자기 것이라고 받아들이는 아내의 모습에서 지금의 고통을 이겨나갈 수 있었다고 한다. '앞으로도 또 다른 고통이 찾아올 수 있다는 것을 알고 있다. 그렇지만 이제 그런 고통 또한 흔쾌히 받아들일 수 있다'고 하였다. 있는 그대로 받아들이는 삶 덕분에 지금 그는 방송 MC 일도 하면서 책도 내는 등 행복한 가정의 가장으로서 삶을 살아가고 있다. 두 사람 모두 공교롭게 2004년에 삶의 궤도를 180도 바꾸는 사건이 발생하였다. 그렇지만 그 사건이 주는 고통을 불행하다고 받아들이지 않고 있는 그대로 받아들여 그 당시에 할 수 있는 최선의 삶을 살았기 때문에 오늘과 같은 자기만의 삶을 행복하게 꾸려가고 있는 것이다.

위 두 사람에 비할 바는 아니지만 필자가 수술로 인하여 코로 숨을 못 쉬고 입으로 숨을 쉬어야 하고 수시로 목으로 이물질이 넘어가는 고통스런 순간에 분별을 하지 않음으로써 그 순간을 어렵지 않게 극복한 경험이 있다.

나는 마음속으로 '원래 나는 코로 숨을 쉬는 것이 아니라 입으로만 숨을 쉬어 왔다. 이렇게 숨을 쉬는 것이 당연하다. 그리고 가끔 목으로 이물질이 넘어간다. 이것이 내 삶이다'라고 생각을 하기 시작하였더니 짜증스럽고 답답하던 느낌이 한 순간 사라지는 경험을 하게 되었다. 분별하지 않는 삶이 행복과 불행을 피하는 방법이라는 말에 어느 정도 고개를 끄덕이게 되었다. 물론 그 순간이 길지는 않았다. 필자의 수행이 얕아 곧 잡념이 생겨 고통스럽다는 분별을 하게 되었기 때문이다. 의식을 집중하면 분별이 없어졌다가 또 잡념이 생겨 고통을 느끼다가 다시 의식을 집중하여 분별을 없애는 과정을 되풀이하였던 기억이 있다. 분별하지 않고 대상을 있는 그대로 보기 위해서는 많은 마음수행이 필요하다는 것을 절실히 느꼈다.

대기업이나 공직에서 퇴직한 후 화려했던 과거 직장생활의 환상에 젖어 스스로를 왕따 시키는 사람이 있다. 이름, 지위, 명예, 왕년의 화려한 경력 등에 대한 집착도 분별이다. 무엇을 소유했다던가 소유하지 못했다고 분별을 함으로써 자기 스스로를 그 분별에 따른 고통 속에 빠뜨리는 것이다. 과거의 영광을 현재와 분별함으로써 새로운 은퇴생활을 즐기지 못하고 고통스럽게 하고 있는 것이다. 소유와 무소유에 대한 분별도 하지 않아야 한다.

법정스님은 〈일기일회〉에서 분별이 없는 청정한 마음을 가질 것을 주문하였다.

'마음 속에 모든 분별에서 떠난, 때 묻지 않은 맑고 투명한 마음을 청정한 마음이라고 한다. 청정한 마음으로 있을 때 욕망, 미움, 고통, 질투, 번뇌에서 벗어나 본래의 자기로 돌아갈 수 있다. 아름답고 추한 것은 보는 사람의 분별이다. 분별을 떠나 있는 그대로 무심히 본다면 모두 다 아름답다. 모든 현상은 차별이 없는데 인간이 분별함으로써 현상

을 제대로 알지 못하는 것이다.'

'오늘 이 순간순간을 후회없이' 사는 삶이란 과거에 얽매이지 말고 오지 않은 미래도 걱정하지 말고 오직 현재 이 순간을 후회 없이, 최선을 다해 사는 것을 말한다.

'내일이 먼저 올지 내생이 먼저 올지 모른다'는 티벳 속담은 현재 이 순간의 삶을 후회 없이 살 것을 요구하는 말이다.

법정스님은 〈일기일회〉에서 미래보다 현재 이 순간의 삶이 중요하다는 것을 강조하였다.

'모든 것은 일기일회(一期一會)이다. 모든 순간은 생애 단 한 번의 시간이며, 모든 만남은 생애 단 한 번의 인연이다. 그때그때 감사하게 누려라. 지나간 것은 다시 되돌아오지 않고 다음 날은 기약할 수 없다. 삶은 과거나 미래에 있지 않다. 바로 지금 이 순간을 살 줄 알아야 한다. 언제 숨을 멈출지 모른다. 순간순간을 놓쳐서는 안 된다.

걱정 근심에서 벗어나지 못하는 것은 그 순간보다는 이미 지나가 버린 것에 대해서 또는 아직 오지 않은 일에 생각이 가 있기 때문이다. 적어도 지금 이 순간은 아무 걱정 근심이 없다. 이처럼 언제 어디서나 그 순간을 놓치지 말고 충만하게 살 수 있어야 한다. 모든 하루를 자기 생애 최후의 날인 것처럼 살아야 한다. 현재를 충만하게 살면 걱정할 일이 없

다. 오지도 않은 불확실한 미래를 가지고 미리 걱정 근심하지 마라. 지금 이순간을 충만하게 살아라.'

누군가 미래에 대한 어떤 기대를 가지고 있느냐는 질문에 법정스님은 '오늘을 살고 있을 뿐이지 미래에 대해선 관심이 없다. 솔직히 미래에 대해 전혀 기대를 하지 않는다. 어떤 계획도 없다. 그저 하루하루 그렇게 살아갈 뿐이다'라고 답하였다.

달라이 라마와 더불어 인류의 스승이라는 베트남 승려인 틱낫한도 〈틱낫한의 평화로움〉에서 내가 살아 숨쉬는 이 순간이 가장 경이로운 순간이라고 하였다.

'사람은 현재가 아니라 미래에 살려고 노력하는 경향이 있다. 학교를 졸업하고 박사학위를 받으면 그 때 멋지게 살 것이다라고 하면서 현재의 삶을 미루어 놓지만 막상 그것을 이루고 나면 다시 멋지게 살려면 좋은 직장을 구해야 한다라고 말하면서 또 현재의 삶을 미룬다. 그러나 직장을 얻으면 자동차가 기다리고 있고 자동차를 얻으면 그 다음에 집이 기다린다. 이처럼 지금 이순간을 살지 못하고 끊임없이 미래로 삶을 미룬다. 어쩌면 전 생애에 걸쳐 한번도 살아 있는 순간을 경험하지 못할지도 모른다. 지금 이 순간에 존재하는 것이 삶의 기술이다. 내가 존재할 수 있는 유일한 순간은 바로 지금 이 순간임을 깨닫는 것이 중요

하다.'

내일 죽을 지도 모르는 것이 인생인데 아직 오지도 않은 미래에 대해 미리 불안해 하거나 가불해 쓰지 말고 현재 이 순간 최선을 다해 사는 삶이 제대로 된 삶이다. 행복은 현재를 즐기는 것에서 출발한다. 인생은 현재가 쌓이고 쌓여 만들어진다. 현재가 불행한데 미래가 행복할 것 같지는 않다.

그러면 미래를 위해 저축하지 말고 현재의 행복을 위해 돈을 마음껏 써도 된다는 말이냐는 이야기를 하는 사람도 있을 것이다. 이는 무소유정신 전체를 보지 않고 그 일부만 본 경우에 나올 수 있는 말이다. 불필요한 것을 소유하지 않고 분수에 맞는 생활을 하는데 어떻게 돈을 마음껏 쓸 수 있는가? 오히려 무소유를 실천하면 할수록 더 많은 돈을 모으게 될 것이다. 또한 행복한 삶을 살기 위해 필요한 것은 돈만이 아니다는 사실을 모르고 있는 사람의 말이다.

'주도적인 삶'이란 자신이 삶을 주도하면서 살아가는 삶을 말한다. 우리들은 사회가 만든, 부모가 만든 기준에 맞춰 목표, 예컨대 명문대, 의대, 대기업, 고시, 결혼, 유학 등을 설정하고 그것을 달성하기 위해 습관처럼 행동을 하고 있다. 타인의 생각이나 눈을 의식하지 않고 자신이 스스로 주도권을 가지고 삶의 방향을 설정하고 나아가는 삶을 살지 못하고 있는 것이다. 주도적인 삶이 행복한 삶이라는 것을 모르고 있다.

세상에서 가장 소중한 것은 자기 자신이다. 그런데 재물과 소유만 있고 자신은 없는 삶을 살고 있다. 사회, 직장, 남에게 떠밀려 가는 삶을 살아가고 있는 것이다. 남의 눈치를 보지 않고 자신의 마음이 가는 대로 살아가는 주도적인 삶을 살아야 제대로 된 삶이다. 자신이 삶을 주도하려면 다음 3가지 삶의 기술이 필요하다.

:: 비교하지 않는 기술

자신을 타인과 비교하지 말아야 한다. 비교하기 시작하면 그 때부터 불행이 시작된다. 그리고 주도적인 삶을 살기 어렵게 된다. 타인과 비교를 통하여 자신의 삶 속에 타인이 비집고 들어오기 시작하면 자신의 삶도 타인의 삶도 아닌 정체 불명의 삶이 되어 버린다. 그리고 남과 비교하여 이기려는 경쟁의 트랙으로 진입하게 된다. 자신을 위한 삶, 자신이 주도하는 삶이 아니라 남을 이기려는 삶, 남에게 보이기 위한 삶을 살게 된다.

프랑스의 정신과 의사인 프랑수와 를로르는 〈꾸뻬 씨의 행복 여

행)에서 남과의 비교를 하지 않는 삶을 행복한 삶의 한 요소로 여기
고 있다.

'행복하려면 다른 사람과 자신을 비교 하지 않아야 한다. 각자 자기
몫의 삶이 있는데 남과 비교하니까 기가 죽고 불행해지고 시기심과 질
투심이 생긴다. 소형차면 어떤가? 갑자기 수입차를 타면 소형차는 시시
해진다. 이는 자기 분수를 모르는 허욕이다. 어떤 개인이라도 그는 이
세상에 하나밖에 없는 독립된 존재이다. 누구와도 비교할 수 없는 절대
적인 존재이다.'

불행은 내가 나답게 자주적으로 살지 못하기 때문에 온다고 할
수 있다. 법정스님도 〈한 사람은 모두를 모두는 한 사람을〉에서 남
과 비교하지 않는 삶을 강조하였다.

'분별을 떠나서 있는 그대로 무심히 본다면 다 아름다운 것이다. 그
렇기 때문에 다른 사람과 자신을 비교하지 마라. 누구나 이 세상에 단
하나밖에 없는 존재이기 때문에 자기 자신답게 잘 살고 있으면 자신이
지닌 아름다운 요소가 꽃피어 난다.'

철학자 키에르케고르는 모든 비극은 비교에서 나온다고 하였다.

비교가 없으면 우월이 없고 우월이 없으니 열등이 있을 수 없다. 따라서 우월도 열등도 없으니 불평이 생겨날 수 없고 불평이 없으니 불안도 없다.

옛말에 굽은 소나무가 산을 지킨다는 말이 있다. 곧게 쭉 뻗은 나무들은 일찌감치 베어져 건축자재로 쓰이지만 휘어진 소나무에는 누구도 주의를 기울이지 않는다. 하지만 바로 그 볼품없는 소나무가 나중에는 산을 지키는 중요한 역할을 해 낸다는 것이다.

한 가지 잣대로 자신을 남과 비교하여 '잘났다', '못났다' 하고 평가하는 것은 정말 잘못된 것이다. 비교는 조건이 같을 때 의미가 있다. 그런데 이 세상에 자신과 똑 같은 사람은 존재하지 않는다. 사람은 각자 고유함을 가지고 태어나기 때문에 그 고유함을 한 가지 잣대로 좋다, 나쁘다 판단할 수 없다. 그러므로 남과의 비교는 의미가 없는 것이다. 이런 점을 고려하지 않고 무조건 자신을 남과 비교하는 것에서 질투와 불평, 불만이 생기고 거기에서 고통이 시작되고 비극이 싹튼다. 자신의 삶의 방식에 대해 확신이 없기 때문이다. 그래서 남의 눈에 띄지 않고 묻혀 가려고 하다 보니 남과 비교하는 삶을 살게 되는 것이다. 그러한 삶은 자신의 개성을 죽이고 타인의 삶을 살아가는 삶이다. 비교의식에서 벗어나 자신만의 고유함을 찾아 그 가치를 깨닫는 것이 중요하다.

비교는 경쟁을 수반한다. 경쟁은 이겼을 때 우월감, 행복감을 느낄 수 있지만 그것은 순간이다. 영원하지 않다. 비교는 항상 자신보다 우위에 있는 사람과 비교하기 마련이다. 따라서 끝없는 경쟁의 트랙에서 열등한 상태로 긴 삶을 살게 된다. 앞이 보이지 않는 캄캄한 긴 터널을 통과하면서 불안, 초조, 자괴감을 느끼는 고통스러운 삶을 살아간다. 간혹 이길 때도 있겠지만 그렇지 않는 때가 더 많을 것이다. 따라서 자신을 위해 살면서 주도적으로 살려면, 그리고 행복한 삶을 살려면, 남과 비교하려고 하지도 말고 자신을 남에게 과시하려고 꾸미려고도 하지 말아야 한다. 어서 빨리 경쟁 트랙에서 한 발짝 벗어나야 한다. 있는 그대로, 자연 그대로, 타고난 그대로 사는 삶이 소중하다.

:: 마음에서 내려놓는 기술

주도적으로 살려면 본질적인 삶에 집중하는 것을 방해하는 모든 것—재물, 명예, 지위 등—을 마음에서 내려놓아야 한다. 이러한 것에 마음을 쓰기 시작하면 본질적인 것에 소홀하기 쉽다. 재물, 명예 등에 대한 소유의 집착에서 벗어나 마음을 비우고 본질적인 것에 전념하여야 한다.

선하니, 악하니, 아름다우니, 추하니 등 일체의 분별에서도 벗어나 본질에 충실할 수 있도록 가능하면 단순하게 살아야 한다.

본질적인 삶을 방해하는 것을 내려 놓으려면 먼저 자신을 내려 놓는 연습을 하여야 한다. '나'라는 생각이 마음속에 가득 차 있으면 '나'를 방어하고 변명하기 위해 온갖 생각과 편협된 주장으로 마음속을 채운다. 그 때부터 마음속에서 분별심이 샘솟듯이 솟아난다. 내가 옳고 상대는 그르다는 분별심이 발생하면 더 이상 세상을 있는 그대로 보기 어렵게 되면서 본질적인 삶을 방해하는 재물, 명예 등을 내려 놓기가 어렵게 된다.

나를 버리고(무아), 내 것을 버리고(무소유), 내 고집을 버리면(무아집) 모든 대상의 사로잡힘에서 벗어나, 괴로움도 없고 얽매임도 없는 자유로운 사람이 될 수 있다.

∷ 기존 관념의 틀에서 벗어나는 기술

자신의 고정관념뿐만 아니라 사회의 기존 관념, 생각, 사상, 유행의 틀에서 벗어나 그 경계를 자유롭게 넘나들 수 있어야 주도적인 삶을 살 수 있다. 기존 관념은 주도적인 삶을 방해하는 족쇄와 같다. 그 족쇄를 벗어 던지고 자유롭게 나아갈 수 있어야 한다.

기존 관념은 내 생각이 아니다. 대부분 우리들은 남의 생각을 내 생각이라고 착각하고 있다. '일류 대학을 가야 한다. 돈을 많이 모아야 행복한 은퇴생활을 할 수 있다.'라는 생각, 관념은 누가 만든 것인가? 우리들이 태어나기 전에 만들어 진 것도 있다. 부모님으로부터 끊임없이 강요 받고 학교, 언론, 사회로부터 들으면서 그것이 내 생각인 것처럼 자신의 뇌 속에 각인된 것이다. 그래서 내 생각이라 생각하고 그것을 남에게 주장한다. 그리고 그 주장이 받아들여지지 않으면 짜증내거나 다툰다. 내가 만든 생각도 아닌데 말이다.

이러한 현상은, 내 마음이라는 밭에 내 스스로 만든 생각의 씨앗을 뿌릴 능력이 생기기도 전에 부모님 생각의 씨앗, 선생님 생각의 씨앗, 나아가 사회가 만든 생각의 씨앗이 ―이들 씨앗 중 상당수는 그 이전에 누군가 만든 것이다― 내 밭에 심어져 시간이 흐르면서 싹이 나고 자라 이제는 그것이 내 생각인 것처럼 생각하는 데서 발생하는 현상이다.

이제 충분히 자신의 씨앗을 뿌릴 능력이 된 우리는 남이 뿌린 생각의 씨앗의 산물인 풀이나 나무 ― 생각, 관념, 관습, 유행 등 ―를 제거하고 자기 생각의 씨앗을 만들어 뿌려야 한다. 그리고 그 씨앗이 자라서 자기 생각, 관념, 관습, 유행이 만들어질 때 비로소 기존 관념에서 벗어난 자기 방식의 자유로운 삶을 살 수 있게 된다.

남과의 비교와 재물에 대한 탐욕에서 벗어나 관념의 틀에서 자유로운 순간 우리의 삶은 자신의 본질적인 것에 충실하고 모든 구속에서 자유로운, 자신만의 삶을 주도적으로 사는 삶이 될 것이다. 주도적인 삶이란 자유로운 삶이며 본질적인 삶을 말한다.

결론적으로 무소유정신이란, '불필요한 소유로부터 얽매이지 않으면서 자기분수에 맞게 재물을 소유하고, 삶의 비본질적인 것에서 벗어나, 항상 깨어 있는 상태에서, 분별하지 말고 있는 그대로 받아들이는 가운데 오늘 이 순간순간을 후회 없이, 주도적으로 사는 삶'을 말한다.

무소유정신을 일상생활 속에 스며들게 하려면 매일 명상을 통해 무소유정신에 함축하고 있는 의미를 되새기는 작업이 필요하다.

3. 부자마인드와 무소유정신의 비교

부자마인드 10가지 중 처음 5가지는 삶에 대한 철학을, 나머지는 돈에 대한 철학을 이야기 하고 있다.

무소유정신도 앞 부분, 즉 '불필요한 소유로부터 얽매이지 않으면서 자기분수에 맞게 재물을 소유하고'는 돈에 대한 철학을 나머지 부분은 삶에 대한 철학을 이야기하고 있다. 먼저 돈에 대한 부분을 서로 비교해 보기로 한다.

부자마인드 중 '순자산에 집중한다, 수입 내에서 지출한다'는 '불필요한 소유를 하지 않는다, 분수에 맞게 재물을 소유한다'라는 무소유정신과 일맥상통한다.

불필요한 소유를 하지 않는다는 것은 생활에 꼭 필요한 것만 소유한다는 것이므로 낭비적인 소비를 하지 않는다는 의미와 같다. 또

분수에 맞게 소유한다는 것은 분수, 즉 자신의 능력과 소득 범위 내에서 생활을 한다는 뜻이다. 따라서 부자마인드로 생활을 하거나 무소유를 실천하는 삶의 모습은 모두 검소한 생활로 귀결된다.

어떻게 백만장자가 되었고 백만장자는 어떻게 살고 있는가에 대해 20년간 1,000명의 사례를 직접 조사 분석한 미국의 토마스 스탠리가 쓴 〈이웃집 백만장자〉에 따르면 그들은 으리으리한 집과 최신형 자동차, 머리부터 발끝까지 명품으로 치장하면서 사는 것이 아니라 오히려 중간 정도 수준의 재산을 가진 사람보다 훨씬 검소한 생활을 바탕으로 절약, 절제하면서 산다고 한다. 절약해서 부자가 되기도 했지만 절약하기 때문에 부자로 남을 수 있었다는 것이다. 이처럼 부자가 되려고 하거나 부자가 된 후에도 오래 부자로 남으려면 검소한 생활을 해야 한다는 것을 알 수 있다. 자수성가로 부자가 되려면 소득 내에서 지출하고 남는 돈을 저축해야 하므로 검소한 생활을 하지 않을 수 없다. 물론 소득이 높은 사람의 지출은 그렇지 않은 사람과 비교할 때 검소한 생활로 보기 어려울 수도 있다.

그러나 자본주의 사회에서 고소득자가 너무 소비를 하지 않는 것도 바람직하지 않다. 부자이지만 10년 이상 된 낡은 차를 몰고 다닌다거나 신혼 때 산 가구를 수십 년이 지난 지금도 사용하고 있는 경우는 검소한 정도를 지나 청빈한 생활이라고 할 수 있다.

검소한지 과소비를 하는지는 소비지출이 그 사람의 소득에서 차지하는 비중을 고려하여 판단해야 한다. 예를들어 월 소득 400만원 중 300만원을 소비하는 사람과 월 1,000만원을 벌어 매달 600만원을 소비하는 사람 중 누가 검소한 생활을 하는 것일까? 단순히 소비 금액만을 볼 때는 전자이다. 그러나 실제 소득대비 지출 규모를 고려하면 후자가 더 검소한 생활을 하고 있다.

무소유를 실천하는 사람은 불필요한 것을 소유하지 않기 때문에 부자의 생활습관인 '유혹에 저항하지 않고 회피한다, 소득에 따라 소비를 늘리지 않는다'를 그대로 실천하고 있는 것과 같다. 백화점을 가든, TV홈쇼핑을 보든, 신용카드를 가지고 있든, 그로 인한 소비유혹에 이끌려 불필요한 것을 소유하기 위해 지출하지 않는다. 또한 지금까지 불필요하던 것이 소득이 늘어났다고 해서 필요한 것으로 바뀌는 것이 아니므로 소득이 늘었다고 해서 소비가 늘어날 가능성은 없다. 꼭 필요한 것만 구입한다는 삶의 규칙을 지키고 있는 사람은 그 규칙대로 살아간 것이지 유혹을 이기려고 노력한 결과가 아니다. 태어날 때부터 부자가 아닌 한 투자할 종자돈을 마련하려면 검소한 생활부터 출발하여야 한다. 소득을 전부 또는 그 이상 소비한다면, 즉 검소한 생활을 하지 않는다면 부자가 되기 어렵다. 그러므로 자수성가한 진정한 부자들은 분수에 맞게 꼭 필요한 지출을 하는 무소유정신을 실천한 것이다.

무소유정신을 제대로 실천한다면 더 빨리 종자돈을 마련하여 더 일찍 부자가 될 가능성이 높다고 할 수 있다. 소득 내에서 생활하는 것보다 불필요한 것을 소유하지 않고 사는 삶이 더 검소한 삶이기 때문이다.

무소유정신은 합리적인 투자습관과도 연결된다. 과도한 소유에 대한 집착이나 욕심이 없으므로 합리적인 투자의사결정을 할 가능성이 높다. 탐욕에 사로잡혀 있을 경우 투자시장이나 투자대상을 객관적인 관점에서 합리적인 의사결정을 내리는데 실패할 위험이 높다. 그렇지만 무소유정신을 실천하는 사람은 투자의 초심을 잃지 않고 항상 깨어있는 상태에서 의사를 결정하기 때문에 이기는 머니 게임을 할 가능성이 높다.

분수에 맞는 재물을 소유하는 무소유의 삶은 부자의 투자습관 중 '원금을 안전하게 지킨다, 집착하지 않는다, 적당한 리스크가 있는 의미 있는 곳에 투자한다, 잘못된 투자로 판명된 경우 빨리 손절매한다'를 실천하고 있다고 할 수 있다. 과도한 욕심을 내지 않으므로 안정적인 곳에 투자할 것이기 때문이다. 또한 주식투자를 하더라도 합리적인 수익을 얻으면 수익을 현금화할 것이다. 따라서 탐욕으로 인하여 매도할 시기를 놓치는 경우도 잘 없을 것이다. 또한 집착하지 않고 항상 깨어 있으므로 주식이 크게 하락하더라도 공포에 휩쓸리지 않으며 잘못된 투자라는 것을 인식하는 경우 기꺼이 손절매할 것이다.

무소유정신을 실천하는 사람은 남과 비교하는 삶을 살지 않기 때문에 남이 돈을 벌었다고 무리하게 투자하거나 남보다 높은 수익을 올리기 위해 무리수를 두지 않는다. 높은 수익을 노리는 재테크보다 합리적인 수익률에 만족하는 투자를 택할 것이다. 또한 부화뇌동하는 투자도 하지 않을 것이다.

이상에서 살펴본 것처럼 돈에 대한 철학 측면에서 무소유정신과 부자마인드는 많은 부분에서 일맥 상통한다는 것을 알 수 있다. 그 이유는 부자가 되기 위한 출발점이 무소유정신의 분수에 맞는 삶이기 때문이다.

'채우려면 먼저 비워라', '비운만큼 채운다' 등의 말처럼 부자가 되려면 먼저 비우는 것이 중요하다. 비웠기 때문에 채워지는 것이다. 극과 극은 통한다는 말처럼 진정한 부자마인드는 무소유정신과 서로 다른 길이 아니라 같은 길이었던 것이다.

상속을 받거나 로또에 당첨되는 등 부자 집에 태어나거나 재물운이 엄청 좋은, 하늘이 내린 부자를 제외하고, 한걸음한걸음 거북이처럼 노력하고 검소한 삶을 살지 않으면 부자가 될 수 없다. 소득 이상으로 소비하면서 저축할 수 없기 때문이다.

돈 잘 쓰고 명품으로 치장을 하면서 사는 부자는 겉만 부자인 속 빈 강정일 가능성이 높다. 그렇지 않으면 일시적인 부자일 것이다. 그리고 그 부귀영화는 오래 갈 수 없다. 진정한 부자로서 삶을 유지하기 위해서는 분수에 맞게 살아야 한다. 속이 꽉 찬 알부자는 은연 중에 일상생활에서 무소유정신을 실천하고 있다.

돈과 관련하여 무소유정신과 부자마인드 모두 돈을 모으는 과정은 비슷하나 어느 정도까지 돈을 모아야 하는지에 대하여 차이가 있다. 부자마인드에서는 돈을 어느 정도 모아야 한다는 한계가 정해져 있지 않으나 무소유정신에서는 분수껏 모을 것을 요구하고 있다. 부자마인드는 다다익선이라는 관점이 강하나 무소유정신은 자기 분수에 맞는 정도만 소유하고 그 이상의 것은 이웃에 나누어 주는 철학이다.

돈을 제외한 비재무적인 부분에서의 삶에 대한 철학은 부자마인드와 무소유정신 모두 비슷하다. 하나씩 비교하여 설명하면 다음과 같다.

부자마인드 – 내가 내 삶을 만들고 내가 통제한다. 변화를 즐긴다.
무소유정신 – 기존 관념에 얽매이지 않고 주도적인 삶을 산다.

주도적으로 산다는 것은 삶을 내 식대로 산다는 의미로써, 내가 원하는 삶을 만들고 통제한다는 부자마인드와 같다. 또한 기존 관념에 얽매이지 않고 주도적으로 살려면 변화를 꾀하지 않을 수 없으므로 부자마인드의 변화를 즐긴다는 정신과 같다고 할 수 있다.

부자마인드 - 기회에 집중하고 긍정적으로 생각한다. 일한 결과에 따라 보상을 받는 것을 좋아한다.

무소유정신 - 분별하지 않고 그대로 받아들이는 가운데 오늘 이 순간 순간을 후회 없이 산다.

힘들든 그렇지 않든 분별하지 않고 현실을 있는 그대로 받아들인다는 것은 기회가 생기면 피하지 않고 긍정적으로 받아들이는 것으로 해석할 수 있다. 또한 후회 없이 산다는 것은 최선을 다한다는 것이다. 일의 결과에 따른 보상을 기꺼이 받아들인다는 것도 최선을 다했기 때문일 것이다. 그러므로 양자는 같은 사고를 가지고 있다고 할 수 있다.

부자마인드 - 성공의 순간 가족과 함께 한다.

무소유정신 - 비본질적인 것에서 벗어나 본질적인 삶을 산다.

가족관계는 삶의 본질적인 것 중 하나이다. 따라서 본질직인 삶을 사는 사람은 가족과 함께 성공을 나눈다. 가족의 희생을 바탕으로 성공을 추구하는 삶은 본질적인 삶이 아니기 때문이다.

부자마인드와 무소유정신을 구별 짓는 것은 추구하는 대상에 있다. 부자마인드가 재물, 소유에 초점을 맞추고 있다고 한다면, 무소유정신은 자아, 삶에 초점을 두고 있다. 부자마인드는 몸에, 무소유정신은 마음, 영혼에 초점을 두고 있다. 부자마인드는 재무적 자산에, 무소유정신은 비재무적 자산에 초점을 두고 있다.

결론적으로 부자마인드가 소유중심의 삶의 철학이라면, 무소유정신은 자아중심의 삶의 철학이다. 소유중심의 삶이 몸을 위한 삶이라면, 자아중심의 삶은 마음 또는 영혼에 초점을 둔 삶이라고 할 수 있다.

삶의 목적을 외부, 즉 재물, 지위, 명예에 두고 있느냐, 내부, 즉 자아 또는 마음에 두고 있느냐의 차이다. 어디에 삶의 목적을 두고 사는가는 우리들 각자의 삶의 가치관에 따라 다를 것이다. 하지만 인류의 위대한 성인들은 후자에 더 많은 무게를 두고 있다. 큰 부자 중에서 존경을 받는 사람들도 대부분의 재산을 사회에 되돌려주는 나눔의 삶을 살았다.

소유는 일시적인 행복을 줄 수 있으나 영원한 행복을 줄 수 없다. 또한 소유는 죽으면 가져갈 수 없다. 인간은 언젠가 죽는다. 불교에서는 죽은 후에도 가져갈 수 있는 것은 현생에서의 생각이나 행위, 즉 업(業)뿐이라고 한다. 행복은 마음에서 찾아야 한다. 소유를 찾아 밖으로 헤매다가 마지막으로 찾아오는 곳이 마음, 자아인 것이다. 몸 밖에서 찾을 수 없었기 때문이다. 늦게나마 행복은 자신의 마음에 있다는 사실을 깨달은 것이다. 따라서 재물, 소유에 초점을 두고 있는 부자마인드보다 마음, 자아에 초점을 둔 무소유정신이 보다 형이상학적 개념이라고 할 수 있다.

돈은 부자마인드로 모으고, 생활은 무소유정신으로 살되, 무소유정신을 훼손하지 않은 범위 내에서 양자의 조화를 이루면서 사는 삶이 물질중심의 시대를 살아가는 현대인에게 꼭 필요한 삶의 철학이라고 생각한다. 자칫 잘못하면 부자마인드는 재물의 소유에 대한 지나친 욕심과 집착으로 변질될 위험이 높다. 따라서 끊임 없는 마음수행을 통하여 무소유정신과 부자마인드가 조화를 이룰 수 있도록 해야 한다. 그래야 재물의 사로잡힘에서 벗어나 괴로움이 없고, 재물로부터 자유로운 사람이 될 수 있다.

내가 누구인지 내가 왜 사는지 그리고 왜 돈을 모으는지, 그 이유를 모르는 채 시류에, 사회의 흐름에 휩쓸려 가는 삶은 제대로 된 삶이 아니다. 그 흐름에 완전히 자유로울 수는 없지만 내 삶을 주도적으로 살기 위해 필요한 나만의 고유한 삶의 철학을 만드는 작업이 필요하다. 무소유정신과 부자마인드의 조화를 통한 삶의 철학도 그러한 작업의 일종이라고 보면 된다.

4. 무소유정신과 돈

가. 돈이란 무엇인가?

우리는 얼굴을 통하여 그 사람의 진실한 속내를 제대로 알 수 없지만 돈을 통해 진정한 속내를 알 수 있다. 돈은 우리를 비추는 거울과 같다. 그리고 돈은 우리 생활에서 뗄래야 뗄 수가 없다.

은퇴 후 필요한 것 3가지를 꼽으라고 하면 대부분 건강, 돈, 일을 이야기한다. 2가지를 꼽으라고 하면 건강과 돈이라고 이야기 한다. 하나를 꼽으라면 쉽게 말하지 못한다. 한참 고민한 다음, 선택하기 어렵다고들 말한다.

이 이야기는 돈이 건강만큼 우리 삶에서 차지하는 비중이 크다는 것을 말해 준다. 그런데 돈이 이처럼 중요한데도 정작 우리들은 돈에 대해 잘 알지 못하고 있는 것 같다.

그래서 임석민 교수가 쓴 〈돈의 철학〉을 토대로 돈을 여러 가지 측면에서 살펴보기로 하자.

돈의 속성을 재대로 이해한 다음 무소유정신으로 살아가기로 '한 생각'한 사람이라면 돈을 어떻게 다루어야 할 것인 지에 대하여 생각해 보기로 하자.

:: 돈과 인간

인간은 돈이 아무리 많아도 더 많이 가지려고 한다. 인간의 욕심은 끝이 없다. 무엇을 하려면 돈이 필요하다. 따라서 인간은 돈이 많든 적든 돈으로부터 자유롭지 못하다. 돈은 인간이 욕심을 얼마나 잘 절제하느냐에 따라 축복이 될 수도 재앙이 될 수도 있다.

돈을 기준으로 인간을 두 부류로 나누어 보기로 한다.

먼저 돈을 사랑하는 부류와 돈에 대한 나쁜 기억 때문에 돈을 싫어하는 부류로 나눌 수 있다. 그리고 돈을 삶의 수단으로 생각하느냐 목적으로 생각하느냐에 따라 돈의 주인인 자와 돈의 노예인 자로 나누어 볼 수 있다. 마지막으로 돈을 많이 가졌느냐 그렇지 못하냐에 따라 부자와 빈자로도 나눌 수 있다.

돈을 좋아하고 잘 관리하고 욕망을 절제하는 사람은 돈의 주인이자 부자로서 삶을 통제하는 풍요로운 삶을 살 수 있다. 반면에 돈에 대한 나쁜 기억을 가지고 있고 욕망을 통제하지 못하는 자는 돈의 노예로서 언제나 가난한 삶을 살게 된다.

:: 삶과 돈의 역학관계

돈은 삶의 에너지이다

현대사회는 돈이 없으면 생활을 할 수 없다. 입고 먹고 자는 모든 생활에 돈을 필요로 한다. 살아 있는 것 자체가 돈을 필요로 한다. 심지어 죽어서도 돈을 필요로 한다. 공동묘지에 묻힌 경우에 관리비를 내지 않으면 죽어서도 쫓겨 난다.

돈은 자유이다

돈은 신체의 자유와 정신의 자유를 보장한다. 생활에는 돈이 필요하므로 돈이 부족하면 일을 해야 한다. 경우에 따라 힘들고 더럽고 위험한 일도 해야 한다. 또 원하지 않는 곳에서도 살아야 한다.

돈이 부족하면 내 마음대로 살 수가 없다. 24시간 남이 짜준 스케줄대로 살아야 한다. 돈 벌기 위해 부모와 헤어지거나 고향을 떠나 살아야 할 때도 있다. 그러나 돈이 있으면 하기 싫은 일을 하지 않아도 되고 원하는 곳에서 살 수 있다. 내 마음대로 자유롭게 살 수 있다.

돈은 감정이다

돈은 슬픔, 고통, 괴로움, 절망감, 불행을 주기도 하고 기쁨, 즐거움, 평온함, 행복을 준다. 돈이 있고 없음에 따라 인생의 희로애락은 춤을 춘다. 너무나 궁핍하여 곧 죽을 것 같은 고통 속에서 살고 있던 사람도 돈이 생기면 웃는 얼굴로 바뀐다. 돈은 살고 싶은 욕망을 생기게 만든다. 돈이 기분을 좋게도 나쁘게도 만든다. 이처럼 돈은 사람의 감정을 변화무쌍하게 만드는 존재이다.

돈은 인격이다

돈이 많은 사람은 덕이 있고 존경스럽고 고결하게 보여 어디서나 신뢰와 존경을 받는다. 그러나 돈이 없는 경우 사람을 사람으로서 보지 않는다. 심한 경우 인격적 수모를 당한다. 그리고 함께 어울리려고도 하지 않는다. 돈이 없으면 인격이 없는 존재로 전락한다. 그러나 돈이 있으면 천박하고 무식해도 우러러본다. 돈이 인격인 것이다.

돈은 관계이다

돈은 인간관계의 기본고리다. 인간은 돈을 매개로 관계를 형성한다. 돈을 떠난 관계는 찾기 어렵다. 동창회, 동아리 모임에도 돈이 관여하고 있다. 돈 때문에 깨지는 모임은 흔하다. 늙어서 돈이 없으면 외롭다. 아무도 불러주지 않기 때문이다. 그러나 돈이 있으면 주위에 사람들이 몰려든다. 가라고 해도 가지 않는다. 자본주의 사회에서 모든 인간관계는 돈을 보고 친할 것인지 무시할 것인지를 판단한다. 수요자와 공급자, 고용주와 피고용인, 갑과 을의 관계 등은 모두 돈을 매개로 한 관계이다.

돈은 힘이다

돈은 힘과 권력을 준다. 그리고 새로운 기회를 준다. 돈은 경쟁력이고 추진력이다. 돈은 선을 악으로, 악을 선으로 만든다. 돈의 힘을 나타내는 대표적인 말로 유전무죄, 무전유죄가 있다. 돈은 수명을 늘리고 사랑도 얻게 해준다. '백만장자와 결혼하기'와 같은 쇼 프로그램에 수많은 남녀가 열광하는 것은 돈의 힘이다. 돈 많은 사람 곁에는 언제나 많은 사람이 몰려든다. 친해지려고 눈도장을 찍기 위해 축의금, 조의금을 들고 자신은 못 살면서도 부잣집에 돈을 갖다 바친다. 돈은 추남추녀를 미남미녀로 만든다. 성형을 하지 않아도 면전에서는 예쁘다고 아부를 한다. 돈이 있는 사람의 말에는 누구나

귀를 기울인다. 그리고 돈으로 권력을 사기도 한다. 어느 사회에서
나 돈은 권력과 연결되어 있다.

:: 돈의 이중성

돈의 긍정적 측면

돈의 역학관계에서 긍정적인 측면이 인간으로 하여금 돈을 좋아
하게 하고 나아가 돈의 노예가 되도록 한다. 돈은 일상생활을 편하
고 안락하게 한다. 돈으로 좋아하고 원하는 것을 살 수 있다. 그리고
그것을 향유하는 행복을 누리게 한다.

돈은 힘과 권력을 준다. 불가능한 것을 할 수 있게 하고 추하고
더럽고 감추고 싶은 것을 가릴 수 있게 한다. 돈은 사랑을 얻는 데
중요한 역할을 한다. 친구와의 우정을 돈독하게 하게 한다. 그리고
많은 사람들을 사귀는데 도움을 준다.

돈은 자유로운 삶을 가져다 준다. 돈은 마음이 가는 곳에 몸과 함
께 갈 수 있도록 한다. 쉬고 싶으면 쉬고, 일하고 싶으면 일하게 한
다. 그리고 자고 싶으면 실컷 잘 수 있다. 자유를 마음껏 즐길 수 있
다. 마음의 평화를 가져다 준다. 그리고 행복을 느끼게 해 준다.

돈을 가장 소중하다고 생각하는 사람에게는 지극한 행복을 준다. 돈이 있으면 어떤 곤란한 상황에도 대처할 수 있는 자신감을 주기 때문에 마음의 평안을 얻을 수 있다. 돈이 있다는 사실만으로도 행복감을 느낄 수 있다. 돈으로 행복을 살 수는 없지만 불행의 고통을 덜어줄 수는 있다.

돈을 소유하면 기분이 좋아지고 용기가 생긴다. 돈은 자신감을 높여주고 안정감과 확신을 심어준다. 돈은 안정을 주고 영혼을 안주하게 한다. 돈은 어려울 때 도움을 주는 친구와 같다. 돈은 미래의 안전망이고 든든한 후원자이고 야망의 자극제이다. 돈은 힘과 능력을 키워주고 용기와 배짱을 높여준다. 돈은 희망을 부풀게 하고 즐겁게 한다. 돈은 명예도 주고 인격도 준다. 돈은 자존심이며 강력한 에너지이다.

돈의 부정적 측면

돈은 인간을 동물로 격하시킨다. 사기, 강도, 살인, 전쟁을 일으킨다. 사회의 부정부패는 대부분 돈 때문이다. 탐욕 때문에 친구를 배신하고 형제끼리 싸우고 칼부림 나게 한다. 그리고 부모를 알아보지 못하게 하고 패륜아로 만들기도 한다. 마약, 도박, 매춘, 폭력, 촌지, 뇌물, 매관매직, 자살, 이혼 등 가정과 사회를 불안하게 하고 파괴한다. 돈은 자칫하면 인간을 파멸시키고 사회를 부패시킨다.

돈은 사람을 나태하고 타락하게 만든다. 돈은 재앙을 부르고 질투를 하게 만든다. 돈은 사랑도 사고 파는 상품으로 둔갑시킨다. 현숙한 여인을 창부로 만든다. 조직공통체를 부패시키고 나아가 해체시킨다.

돈은 사랑하는 부부를 갈라 놓고, 죽마고우도 견원지간으로 만든다. 절이나 교회 같은 종교도 세속에 물들게 한다. 돈은 법도 유명무실하게 만들고 판검사의 판단도 흐리게 만든다. 돈은 영혼을 갉아먹고 양심을 사고 팔도록 만든다. 돈이 주는 무한한 자유와 힘이 인간을 타락하게 만든다.

돈의 야누스적 존재

돈은 사람을 울리고 웃기고, 미워하고 사랑하게 만들다. 돈은 배신과 사랑, 절망과 희망, 불행과 행복을 동시에 갖는 야누스적 존재이다. 돈은 언제나 이중적이다. 돈은 두 얼굴을 가지고 있다. 악마의 모습과 천사의 모습이 공존한다. 돈에 대한 탐욕에 빠져 감옥에 가는 사람이 있는가 하면 반대로 가진 돈을 남과 함께 나누어 쓰는 자비를 통하여 사회로부터 존경을 받는 사람도 있다.

돈은 인간을 인색하거나 호탕하게, 게으르거나 부지런하게, 방탕하거나 검소하게, 매력적이거나 구질구질하게 만든다. 돈은 인간에게 불행과 행복이라는 대립된 감정을 불러일으키고 경멸적 무관심과 복종적 헌신 등 무수히 많은 이중감정을 유발하게 한다. 돈은 사회생활의 필수품이요 인간행위의 기초이며 소유욕의 대상이면서 자기파멸의 길로 유혹하는 악마이기도 하다.

짐멜은 돈이 수단이며 목적이기 때문에 돈의 이중성 내지 양면성은 필연적이라고 역설했다. 스스로 반대물을 창출해내기 때문에 모순적이며 이중적인 것이다.

에밀 졸라는 그의 저서 〈돈〉에서 '돈은 저주이며 축복이다. 모든 악이 돈에서 비롯되고 모든 선도 돈에서 비롯된다. 그러나 돈은 내일의 인류를 성장시킬 퇴비이다'라고 결론지었다.

:: 돈을 어떻게 볼 것인가?

'나는 돈을 어떻게 생각하고 있는가?'하고 자문하는 시간을 가져볼 필요가 있다. 우리의 무의식 세계에는 '돈은 나쁜 것'이라는 관념이 자리잡고 있다. 그래서 많은 사람들이 '개도 물어가지 않을 돈', '더러운 돈' 등의 험한 말로 돈을 혐오한다. 그러나 대부분의 경우 이런 혐오는 위선일 뿐이다.

돈은 인간의 욕망추구에 필요한 자원이며 행복의 중요한 촉매제가 된다. 돈은 세상을 풍요롭게 만드는 강력한 원동력이다. 이는 부인할 수 없는 사실이다.

미국의 닐 도널드 월쉬는 〈신과 나눈 이야기〉에서 다음과 같이 이야기 하고 있다.

'사람들은 무엇에 대해서건 자기 나름대로의 생각을 가지고 있다. 그런데 그 생각들은 대부분 남들의 체험에서 나온 것들이다. 세상은 사람들의 마음을 조작한다. 사람들은 마치 거대한 복사기와 같아 남의 생각을 복사하면서 살아간다. 자신의 체험에서 나온 생각은 극히 적다. 스스로 설정한 인생관 및 가치관에 기초한 생각은 더더욱 적다'

돈에 대한 생각이 그 전형적인 예이다. '돈은 나쁘다'는 사람들의 생각은 '돈은 좋다'는 체험과 다르다.

돈은 사람을 변하게 만들고 사회를 타락하게 만드는 나쁜 존재라는 말을 듣고 자라 '돈은 나쁘다'라는 생각을 가지고 있는 사람이, 어느 추운 겨울 창문 사이로 들어오는 찬 바람 때문에 고생하다가 돈을 들여 이중창으로 창문을 고친 다음 따뜻한 겨울을 보내게 되었더라도 다른 사람과 돈에 대해 이야기할 때 '돈이 좋다'는 자신의 체험을 감추고 '돈은 나쁜 것이다, 돈이 싫다'고 거짓말을 한다.

돈이란 좋은 것이며 많이 벌고 가질수록 존경 받는다. 그러나 사람들은 여전히 돈을 입에 담는 것은 점잖지 못한 행동이라고 생각한다. 돈에 대한 언급은 일종의 문화적 금기이다. 그 배후에는 성경, 코란, 불교, 유교 경전에 근거를 두고 있으며 수백 년 동안 크게 달라지지 않았다. 돈을 천하게 여기는 유교, 불교, 기독교의 영향을 받은 우리 사회도 돈에 대해 이중감정을 가지고 있다.

사람은 자신이 생각하는 그대로의 존재이다. 생각은 체험을 낳고 체험은 생각을 낳는다. 생각이 곧 현실이 된다. 생각이 부정적일수록 악순환이 된다. 그 악순환에서 벗어날 길을 찾아야 한다. 비결은 생각을 바꾸는 것이다. 내 마음을 내가 조작해야 한다. 세상이 내 마음을 조작하게 해서는 안 된다. 특정의 생각을 가지려고 반복적으로 노력하면 생각이 바뀔 수 있다.

생각을 바꾸는 방법은 '생각—말—행동'의 순서를 따르는 것이다. 먼저 생각하고 말로 표현하면 새로운 행동을 할 수 있게 된다. 새로운 행동은 새로운 생각을 가져오는 순환과정을 밟게 된다.

돈을 증오하면 돈이 가까이 오지 않는다. 돈에 대해 어떻게 생각하느냐에 따라 부자와 빈자로 나뉘게 된다. 돈에 대한 생각을 바꿔야 한다. 남들의 생각이 아닌 자신의 생각으로 바꾸어야 한다. 돈의 본질을 제대로 이해하고 정당하게 벌게 되면 그것은 대단한 영광이요, 축복이다. 그리고 그 돈으로 많은 사람들에게 혜택을 줄 수 있다.

돈을 쫓는 사람은 평생 가난하다. 사람들은 흔히 원하던 것을 얻고 나면 그것이 원했던 것이 아님을 알게 된다. 원하던 것은 환상이나 감상의 이면에 숨어 있던 것에 지나지 않는다. 돈은 분명 중요하지만 소수의 사람들과 돈이 없는 사람들을 제외하고는, 가장 중요한 것은 아니다. 우리는 돈보다 더 중요한 것이 있다는 것을 안다.

돈을 극복한다는 것은 돈이 있으나 없으나 삶의 자세가 흐트러지지 않는 태도이다. 돈을 극복했을 때, 즉 돈으로부터 자유로울 때 무엇이든지 할 수 있다. 돈은 뜨겁게 사랑하되 차갑게 다루어야 한다. 돈을 그냥 따라가서는 안 된다. 돈에 정면으로 부딪혀야 한다.

:: 돈의 주인이 되기 위한 삶의 성찰

돈은 생활의 편의를 위해 고안해낸 도구에 불과하다. 그런데 사람이 돈의 노예가 되어 돈을 얻기 위해 사람으로서 할 수 없는 온갖 불법과 비리를 서슴지 않는다. 돈 때문에 갈등이 끊이지 않고 살인도 불사한다. 돈의 본질을 꿰뚫고 돈으로부터 해방되지 않는 한 우리는 돈의 올가미에서 벗어날 수 없다.

돈은 적절히 사용하면 충실한 하인이 된다. 그러나 돈을 위해 살고, 돈을 위해 인간으로서 차마 할 수 없는 일까지 일삼는다면, 인간은 돈의 노예가 되고 만다. 돈의 노예로 사는 것만큼 비참한 것은 없다.

평생 돈이 없어서 인생과 사회를 탓하며 사는 것이나, 돈에 눈이 멀어 죽을 때까지 돈에 매달려 수전노로 사는 것이나 모두 돈의 노예로 사는 것이다. 사람이 돈의 노예가 되어서는 곤란하다. 사람은 돈의 주인이 되어야 한다. 돈으로부터의 해방이 절실하다.

돈은 태어날 때부터 갖고 오는 것이 아니며 죽을 때 가져갈 수도 없다. 정의롭게 얻으면 기쁘고 정의롭게 썼을 때 기쁨을 준다. 단 한 푼이라도 쓰기를 두려워하고 돈을 지키기 위해 의리를 저버린다면 이미 돈의 노예가 된 것이다. 차라리 돈이 없느니만 못하다.

돈으로 타인을 노예로 삼지는 않는지? 돈으로 인해 타인의 노예가 되는 것은 아닌지? 우리 모두 진지한 삶의 성찰이 필요하다.

나. 무소유정신에 있어 돈에 대한 관념

　무소유정신을 실천하는 사람은 돈을 어떻게 생각하는지 알아보려면 무소유를 실천하면서 산 성인들의 말 속에서 그 생각을 찾아볼 수 있다. 그 중 돈과 관련이 있는 내용을 다음과 같이 3가지로 요약할 수 있다.

1. 불필요한 것을 가지지 않고 분수에 만족하는 삶을 산다.
2. 탐욕과 소유에 얽매이지 않고 산다.
3. 적당한 소유는 필요하다. 자기분수에 조금 아쉬운 정도가 최상이다.

　부자가 되기 위해 애쓰는 사람들 중 상당수는 돈이 삶에 있어 가장 중요한 요소라고 생각하고 있다. 이들의 하루 24시간은 돈을 중심으로 움직인다. 돈이 되는지 안 되는지 주판을 두드린 다음, 사람을 만나거나 행동한다. 삶의 대부분이 계산적이다.

　반면에 무소유정신을 제대로 실천하는 사람들은 돈을 삶에 있어 필요한 소유의 대상이면서 동시에 삶을 구속하는 양면성이 있는 것으로 생각하고 있다. 즉 돈이 많을수록 소유에 대한 집착도 커지고, 그 결과 삶이 돈에 구속되고 나아가 돈에서 벗어나 자유롭게 살기가 어렵게 된다고 생각한다. 돈의 양면성을 인지하고 있는 것이다.

사람의 탐욕은 끝이 없기 때문에 무소유정신에서는 돈을 어느 정도 가지는 것이 이상적인 것인가에 대한 가이드라인을 나름대로 제시하고 있다. 무소유를 실천한 현자들은 한결 같이 자기분수 또는 자기 분수에 조금 아쉬운 정도를 최상의 가이드라인으로 하고 있다. 따라서 무소유를 실천하는 사람이라면 그 가이드라인까지 돈을 소유하면 된다. 현자들은 분수 이상의 것은 이웃에게 나누어 줌으로써 소유에 대한 집착과 탐욕에서 벗어나 자유로운 삶을 살 수 있다고 이야기하고 있다.

반면 부를 추구하는 사람들은 그 가이드라인이 없다. 그들은 능력이 허락하는 한 돈을 모으려고 한다. 한계가 없다. 그렇지만 진정한 부자들은 이웃과 부를 나눈다는 마인드를 실천하고 있다. 그들은 자신의 부 중 일부 또는 상당 부분을 사회에 환원함으로써 사회적으로 존경 받고 있다. 하지만 소유에 대한 가이드라인이 없기 때문에, 가지고 있는 돈 중 얼마를 남기고 이웃과 나눔을 실천하고 있는지에 대해서는 제각기 다르다. 부자의 마음에 달려 있는 것 같다. 예를 들어 워렌 버핏은 자신의 전 재산 470억 달러 중 자녀에게 300만 달러만 남기고 모두 자선단체에 기증을 약속하고 최근 그 약속을 실천했다. 빌 게이츠도 자녀들에게 1,000만 달러만 남기고 사회공헌재단에 모두 기부하기로 하였고 그 일부를 실천하고 있다.

무소유정신에서는 이웃과 나눌 돈의 크기는 전체 재산에서 자기 분수를 뺀 나머지이다. 물론 분수라는 것이 객관적인 수치로 나타내기 어렵기 때문에 자의성이 개입될 여지가 많다. 그렇지만 마음으로부터 소유에 대한 집착과 탐욕을 내려놓고 청정한 내면의 세계를 들여다 보면서 '내가 지금 욕심을 부리고 있지는 않는가?'를 끊임없이 자문하게 되면 개략적인 수치를 우리 스스로 찾아 낼 수 있다. 우리는 정확하지는 않지만 꽤 성능 좋은 저울을 각자 마음 속에 가지고 있다. 자신이 가진 부를 이웃에 베푸는 것은 자비심이 밖으로 표현된 것이므로 그 분수가 객관적이냐 아니냐 하는 판단은 지극히 개인적인 영역이다. 남이 판단할 영역이 아니다. 각자 마음의 저울이 그것을 잘 알고 있다는 것만으로 충분하다.

이처럼 자기 분수는 객관적으로 측정할 수 있는 개념이 아니다. 그렇지만 이 책에서는 자기 분수에 대한 정의와 몇 가지 가정하에서 수치화를 꾀하여 보았다. 자기 분수의 크기를 정확하게 수치화하는 것은 불가능하지만 어렴풋한 안개 속에서 그 크기를 어느 정도 짐작을 할 수 있다면, 앞으로의 우리들 삶을 설계하는데 도움이 될 것이라는 판단 하에 수치화를 위한 모델을 만들어 보았다. 구체적인 내용은 〈분수에 맞는 삶〉 편을 참조하기 바란다.

요약하면 무소유정신에서는 돈은 '삶에 있어 필요하나 지나칠 경우 탐욕으로 인하여 인간의 삶을 구속할 수 있는 양면성을 가진 존재다'라고 할 수 있다. 따라서 돈으로 인하여 삶이 구속되지 않으려면 분수에 맞는 수준까지 돈을 소유하고 그 이상의 것은 베풀어야 한다. 돈으로부터 진정 자유로운 사람이 되려면 소유의 허무함을 알면서 무소유도 집착하지 않아야 한다. 무언가 대상을 소유하려고 생각하는 것도 집착이지만 무소유를 생각하는 것도 집착이기 때문이다. 부자도 가난도 초월한 삶이 자유로운 삶이다.

불교적으로 생각한다면 현재 가난한 것은 전생에 쌓아 놓은 나쁜 업이 원인으로 작용한 결과이며 지금 부자로 사는 것은 전생에 좋은 업을 많이 쌓았기 때문이다라고 할 수 있다.

돈에 집착하지 않고 지금 현재 순간순간 최선을 다해 살면서 있는 그대로 받아들이는 삶이 진정 돈으로부터 자유로운 삶일지 모른다. 돈에 집착하지 않고 부자도 가난도 초월하면서 산다는 것은 돈을 버는 노력을 하지 않거나 게을리 해도 좋다는 뜻이 아니다. 지금 현재 순간순간 최선을 다한다는 말 속에 현재 하고 있는 직장이나 일에서 최선을 다하고 그로 인하여 번 돈을 최선을 다해 관리하라는 뜻이 내포되어 있다. 대충대충 살라는 뜻이 아니라 후회하지 않도록 최선을 다해 살 것을 요구하고 있는 것이다.

다. 돈과 행복

물질만능주의가 팽배해 있는 오늘날 많은 사람들은 돈을 모아 부자가 되겠다는 것을 꿈으로 삼고 그것을 위해 자신의 삶은 물론 가족의 삶도 희생시키고 있다. 그때까지 살아 있을지 없을지도 모를 미래의 삶을 위해 현재의 행복을 포기하고 있는 것이다. 심지어 세상물정 모르는 어린이들도 장래 꿈이 무엇이냐고 물어보면 부자라고 하는 아이들이 있을 정도로 남녀노소를 가리지 않고 돈에 절대적 가치를 두고 있는 것 같다. 이러한 사람들이 생각하는 돈과 행복에 대한 관념 중 대표적인 것을 나열하면 다음과 같다.

- 돈이 많을수록 행복한 삶을 살 수 있다.
- 잘 먹고, 잘 입고, 좋은 집에 사는 것이 행복이다.
- 돈이 없어도 행복할 수 있다는 주장은 가난한 자의 변명이다.
- 통계적으로 부자가 가난한 자보다 행복하다.
- 성공하면, 즉 부자가 되면 행복은 따라온다.

인류의 위대한 성인들은 돈을 어떻게 생각하고 있을까? 평범한 사람들보다 지혜로운 삶을 살았을 현자들의 행복과 돈에 대한 생각을 살펴보는 것은 의미가 있을 것이다. 내용을 추려보면 다음과 같다.

- 삶은 꿈 · 일 · 가족 · 친구 · 건강 · 취미 · 학습 등의 복합체이다. 돈은 일을 하는 과정에서 발생하는 부산물이다. 종종 부자를 꿈으로 삼는 사람이 있는데 부자는 꿈의 부산물이다.
- 행복한 삶은 일 · 가족 · 건강 · 돈 · 취미 · 이웃과의 나눔 · 배움 등 다양한 삶의 균형에 있다. 돈은 삶의 요소 중 하나일 뿐이다. 한쪽으로 치우친 삶은 행복하지 않다.
- 부자 중에도 불행한 사람이 있다. 마찬가지로 빈자 중에도 행복한 사람이 있다. 돈은 행복을 위한 필요조건은 될지언정 충분조건은 아니다.
- 부자가 되어 행복을 느끼더라도 일정 시간이 지나면 더 이상 돈은 행복을 주는 존재로서 가치를 상실한다. 명품을 살 때 며칠은 좋지만 한두 주만 지나면 그저 그렇게 된다
- 성공(부자)은 행위의 결과이며 행복은 행위의 과정이다. 행복은 과정의 산물이나 성공은 행위의 결과물이다.

돈은 행복을 위한 여러 가지 요소 중 하나이며 삶의 결과물이다. 결코 돈은 삶의 목적이 될 수 없다. 돈은 안락과 허영심을 충족시키는데 필요하다. 몸의 편안함을 즐기고 남에게 잘 보이는 것을 삶의 가치로 생각하는 사람에게는 돈이 중요하다. 그러나 적당한 몸의 불편을 기꺼이 받아들이거나 자신의 만족에 충실하고 남의 눈을 의식

하지 않으며 자유롭게 사는 사람에게 돈은 분수에 맞는 정도면 충분하다. 돈은 인간의 존엄성을 잃지 않기 위해 어느 정도 필요하지만 그것으로 행복까지 살 수는 없다.

간혹 영적 깨달음 또는 진리탐구를 위해 그리고 자기가 원하는 것만을 하기 위해 가족생계에 대한 책임이나 사회에 대한 의무와 같은 세상사를 등한시 하는 사람도 있다. 심지어 사는 데 돈은 필요 없다며 경제력이 없는 것을 자랑하는 사람도 있다. 이러한 삶은 한쪽으로 치우친 삶이다. 삶과 돈 어느 쪽으로도 치우치지 않고 균형과 조화를 이룰 때 마음에 평화가 찾아오며 이것이 곧 행복이다.

사람은 편안함을 추구하면 현실에 안주하게 된다. 그리고 변화를 싫어하게 된다. 고인 물은 썩기 마련이다. 편안함을 위하여 돈을 모으는 삶은 썩은 물이 되기 위해 노력하는 꼴이 된다. 변화가 없는 삶은 무미건조하며 단조롭다. 삶은 끊임없는 변화와 창조하는 가운데 재미와 기쁨을 느끼는 것이다. 그것이 바로 행복이다.

남에게 잘 보이기 위해, 남에게 자랑하기 위해 그 사람들이 좋아하는 대상을 찾아 그 것을 소유하기 위해 자신의 소중한 시간, 에너지를 소비하는 것은 삶의 낭비다. 교수, 연예인, CEO 등 각자 맡은 분야에서 뛰어난 업적을 쌓은 사람이 갑자기 국회의원이 되기 위해 정치판에 뛰어 드는 경우를 종종 볼 수 있다. 국민을 위해 봉사하겠다는 마음보다 주위 사람으로부터 부러움과 존경을 받기 위해, 자신

의 존재를 부각시키기 위해 국회의원에 도전한 사람들도 있다. 이것
은 남에게 자신의 우월함을 보여주기 위해 자신의 삶을 허비하는 것
에 지나지 않는다.

　허영심은 남이 부러워했을 때 가치가 있다는 점에서 한계가 있
다. 자신의 소중한 시간을 투자하여 번 돈으로 명품을 사서 친구에
게 자랑했는데 그 친구가 부러워하지 않거나 더 좋은 명품을 가지고
있을 때 그 허영심은 허탈감과 좌절감 또는 패배감으로 되돌아온다.
행복은 자신의 마음 속에 있는데, 남에게서 그것을 찾는 것은 행복
이 무엇인지를 잘 모르는 무지에서 나온 행동이다. 허영심이나 위세
는 상대방이 있어야 하고 상대방이 있더라도 그가 부러워해야 가치
가 있다. 그리고 그것들은 상대적 우월감이자 비영속적인 찰나의 기
쁨에 지나지 않는다. 안락과 허영심은 결코 행복이 아니다. 전혀 다
른 느낌인데도 불구하고 안락이나 허영심을 행복이라고 착각하고
있는 사람들이 많다. 나라는 존재가 몸과 마음으로 구성되어 있다고
할 경우 안락과 허영은 몸을 위한 것이다. 그 안락이 행복으로 연결
되려면 마음이 그렇게 느껴야 한다. 몸은 안락하더라고 마음이 그렇
게 느끼지 않으면 행복할 수 없다. 따라서 몸보다 마음에 더 많은 시
간과 에너지를 투자해야 한다.

　몸을 움직이는 것은 의식, 마음이다. 식물인간이나 마취상태인
경우 의식이 없다. 그렇지만 살아있다. 의식이 없는 경우 고통이나

행복을 느낄 수 없다. 따라서 행복은 몸에 있는 것이 아니라 마음에 있다는 것을 알 수 있다.

자신의 정체성과 삶의 의미를 부여하는 일, 재미와 즐거움을 주는 취미, 서로 위해주고 감싸주는 가족, 친구 등 사람과의 관계 등으로 삶을 엮어 그 속에서 살아갈 때 우리는 마음의 평온을 얻고 나아가 행복을 느낀다.

적당한 몸의 불편은 건강한 몸과 건강한 정신에 도움이 된다. 평생을 즐겁게 할 수 있는 일이나 취미는 돈 못지 않게 행복을 주는 요소 중 하나이다. 그런데 일도 취미도 돈을 벌기 위해 하는 사람이 많다. 잘못된 생각이다. 이러한 생각을 가지게 된 원인은 교육과 사회에서 찾을 수 있다. 사회가 만든 생각을 내 생각이라고 생각하고 있는 것에서 빨리 벗어나야 한다.

내가 없으면 남도 세상도 우주도 없다. 그리고 내 몸도 없어진다. 그렇게 '중요한 나'가 죽으면 없어질 '내 몸'을 위해, '남의 시선'을 위해 돈에 집착하고 그로 인한 고통을 겪으면서 살아가는 것이 제대로 된 삶일까? 그 생각은 내 스스로 만든 생각인가, 아니면 타인이 나아가 사회가 만들어 준 생각이 아닌가에 대하여 성찰할 필요가 있다.

제2장

돈으로부터 자유로운 삶을 살려면?

1. 자유로운 삶을 방해하는 것

자유로운 삶이란 무엇인가?

바람처럼 어디에도 얽매이지 않고 내 자유의지에 따라 내 식대로 사는 삶이다. 선택 당하는 삶이 아닌 내가 선택하는 주도적인 삶이다. 내가 원하는 삶이다. 돈, 지위, 명예 등 대상의 소유에서 자유롭고, 생로병사에서 자유로운 영혼을 가진 삶이다.

자유로운 삶을 살려면 먼저 그렇게 살려는 강한 의지가 있어야 한다. 우리는 원래부터 '자유의지'를 가진 존재로 태어났다. 그런데 우리는 태어나면서 부모, 스승 나아가 사회로부터 이미 만들어진 삶의 틀에 맞도록 살 것을 교육 받았고, 현재도 받고 있다. 때때로 강요도 받으면서 살고 있다.

그래서 우리의 자유의지는 싹도 트지 못한 채 우리 잠재의식 밑바닥에 버려져 버렸다. 그들은 내가 원하는 삶이 무엇인지 알 수 있는 기회 조차 주지 않는 것은 물론 때늦게 내가 원하는 삶을 찾았어도 그것을 좀처럼 인정해주려고 하지 않는다. 시간이 흐르고 나이 먹으면서 점차 부모가, 사회가 원하는 삶의 모습을 답습하는 수동적인 존재로 살아가고 있다.

어느 날 문득 '내가 이렇게 사는 것이 제대로 된 삶인가? 이렇게 살다 죽는 것이 올바른 것인가?' 라면서 회의를 느끼는 자신을 종종 발견할 때가 있었을 것이다. 이것은 본래 가지고 있던 잠재의식 밑바닥에 버려져 있던 자유의지가 얼굴을 내밀 때 일어나는 현상이다. 그렇지만 곧 일상사로 되돌아가 버린다. 때늦게 삶을 바꾸려고 하나 엄두가 나지 않을뿐더러 뚜렷한 해결책도 생각나지 않기 때문이다. 그리고 그런 것을 충분히 생각할 시간을 줄만큼 현실은 한가하지 않기 때문에 곧 바쁜 일상사에 묻혀 잊어 버린다. 그러나 이제 무소유 정신을 실천하려면 원래 존재하고 있었던, 자아 깊숙이 웅크리고 있는 자유의지를 끄집어 내야 한다. 자유의지를 끄집어 내어, 본질적인 것을 향해 주도적으로 자유롭게 삶을 살려는 다짐을 하여야 한다. 그리고 자유로운 삶을 방해하는 것을 버려야 한다.

대표적으로 자유로운 삶을 방해하는 것은 집착과 탐욕이다. 특히 돈과 재물에 대한 집착과 탐욕이 가장 크다. 집착이란 어떤 것에 늘 마음이 쏠려 매달리는 상태를 말한다. 탐욕은 지나치고 분수에 넘치

는 것을 차지하려는 욕심, 남과 비교하여 경쟁우위에 서려는 욕심이
라고 할 수 있다.

　일에 대한 스트레스로 고통스러워하는 도시생활자 중에서 현재
직장을 그만두고 고향 시골마을로 내려가 농사를 지으면서 자연과
함께 자유롭게 살고 싶다는 꿈을 이야기하는 사람들이 많다. 그런데
이를 실행으로 옮기는 사람은 드물다. 자신이 원하는 대로 자유롭게
살고 싶어하면서 왜 도시를 떠나지 못할까? 그것은 바로 집착과 탐
욕 때문이다. 가진 것에 대한 집착, 소유에 대한 탐욕이 어우러지면
서 자유로운 삶의 발목을 잡고 있는 것이다.

　법정스님은 그의 저서 〈무소유〉에서 난초에 대한 집착과 그로 인
하여 스님 자신의 자유로운 삶이 어떻게 구속당하는지에 대하여 다
음과 같이 이야기하고 있다.

　'나는 지난해 여름까지 난초 두 분(盆)을 정성스레, 정말 정성을 다해
길렀었다. 3년 전 거처를 지금의 다래헌(茶來軒)으로 옮겨 왔을 때 어떤
스님이 우리 방으로 보낸 준 것이다. 혼자 사는 거처라 살아 있는 생물
이라고는 나하고 그 애들뿐이었다. 그 애들을 위해 관계 서적을 구해서
읽었고, 그 애들의 건강을 위해 하이포넥스인가 하는 비료를 구해 오기
도 했었다. 여름철이면 서늘한 그늘을 찾아 자리를 옮겨 주어야 했고,
겨울에는 그 애들을 위해 실내 온도를 내리곤 했다. 이런 정성을 일찍

이 부모에게 바쳤더라면 아마 효자 소리를 듣고도 남았을 것이다. 이렇듯 애지중지 가꾼 보람으로 이른 봄이면 은은한 향기와 함께 연둣빛 꽃을 피워 나를 설레게 했고 잎은 초승달처럼 항시 청청했었다. 우리 다래헌을 찾아온 사람마다 싱싱한 난초를 보고 한결 같이 좋아라 했다.

지난해 여름 장마가 갠 어느 날 봉선사로 운허노사(耘虛老師)를 뵈러 간 일이 있었다. 한낮이 되자 장마에 갇혔던 햇볕이 눈부시게 쏟아져 내리고 앞 개울물 소리에 어울려 숲 속에는 매미들이 있는 대로 목청을 돋구었다.

아차! 이때서야 문득 생각이 난 것이다. 난초를 뜰에 내놓은 채 온 것이다. 모처럼 보인 찬란한 햇볕이 돌연 원망스러워졌다. 뜨거운 햇볕에 늘어져 있을 난초 잎이 눈에 어른거려 더 지체할 수가 없었다. 허둥지둥 그 길로 돌아왔다. 아니나다를까, 잎은 축 늘어져 있었다. 안타까워하며 샘물을 길어다 축여 주고 했더니 겨우 고개를 들었다. 하지만 어딘지 생생한 기운이 빠져나간 것 같았다.

나는 이때 온몸으로 그리고 마음 속으로 절절히 느끼게 되었다. 집착이 괴로움인 것을, 그렇다. 나는 난초에게 너무 집착해 버린 것이다. 이 집착에서 벗어나야겠다고 결심했다. 난을 가꾸면서는 산철(승가(僧家)의 유행기(遊行期))에도 나그네 길을 떠나지 못한 채 꼼짝 못하고 말았다. 밖에 볼 일이 있어 잠시 방을 비울 때면 환기가 되도록 들창문을 열어 놓아야 했고, 분(盆)을 내놓은 채 나가다가 뒤미처 생각하고는 되돌아와

들여놓고 나간 적도 한두 번이 아니었다. 그것은 지독한 집착이었다.

며칠 후, 난초처럼 말없는 친구가 놀러 왔기에 선뜻 그의 품에 안겨 주었다. 비로소 나는 얽매임에서 벗어난 것이다. 날아갈 듯 홀가분한 해방감. 3년 가까이 함께 지낸 '유정(有情)'을 떠나 보냈는데도 서운하고 허전함보다 홀가분한 마음이 앞섰다. 이때부터 나는 하루 한 가지씩 버리겠다고 스스로 다짐을 했다.'

생활에 필요한 가구, 자동차 같은 소유물과 비교할 때 존재 가치가 미미한 난초도 스님의 자유로운 삶을 방해하는데, 하물며 많은 재물 그리고 높은 지위나 명예는 그 얼마나 그 소유자의 삶을 방해하고 얽매게 할까?

소유에 대한 집착이 강할수록 그 대상에 얽매여 살게 된다. 나를 위한 삶이 아니라 그 대상을 위한 삶이 되는 것이다. 법정스님 말처럼 난초에 쏟은 정성을 부모에게 쏟았더라면 효자소리를 들었을 것이다.

도시를 떠나 홀가분하게 교외에서 살고 싶지만, 보다 좋은 교육 환경 속에서 자식을 키우고 싶은 욕심, 도시 문화생활에 대한 집착, 힘들게 얻은 직장에 대한 집착, 안락함에 물든 몸에 대한 집착, 익숙해진 생활에 대한 집착, 돈을 벌어 부자가 되고 싶은 탐욕 등이 복합적으로 작용하여 떠나지 못하고 있는 것이다.

지금 당장 자식을 키우고 돈을 벌어야 하는 사람은 그렇다 치더라도 도시에서 경제활동을 더 이상 하지 않는 은퇴한 사람들도 고향인 시골로 내려가고 싶어하면서도 선뜻 내려가지 못하고 있다. 현재 누리고 있는 것에 대한 집착과 욕심 때문이다. 도시생활, 집, 거주지역, 문화생활, 친구, 자식, 배우자 등에 대한 집착과 욕심이 자유로운 삶을 방해하고 있는 것이다.

대상에 대한 소유는 우리가 그것을 소유하는 이상으로 그 대상이 우리 자신을 소유해 버린다. 대상이 우리를 소유하기 때문에 그것으로부터 벗어나지 못하고 얽매여 자유로운 삶을 살지 못하는 것이다. 소유물이 많을수록 더욱더 얽매여 도저히 벗어나지 못한다. 소유물에게 소유를 당해버린 것이다. 자신의 시간과 에너지를, 자기를 위해 쓰지 못하고 소유물을 위해 사용하는 꼴이 되어버린 것이다. 따라서 자유로운 삶을 살기로 하였다면 모든 대상에 대한 집착과 탐욕을 내려 놓아야 한다. 신부나 승려는 부모 형제도 내려 놓은 것이다.

소유에 대한 집착과 탐욕에서 벗어나려면 우선 '나'를 내려놓아야 한다. '나'라는 생각이 마음속에 가득 차 있으면 현재의 '나'를 방어하고 지키기 위한 온갖 생각으로 마음속을 채운다. '나'를 마음 속에서 떠올리면 그 때부터 마음속에서 분별심이 샘솟듯이 솟아나게 된다.

교외생활 중 이러이러한 부분은 좋지만 이러이러한 점은 좋지 않

다. 그런데 도시생활은 이런 부분은 좋지 않지만 이런 부분은 좋다
고 하는 분별심이 발생하여 더 이상 대상을 있는 그대로 보지 못한
다. '나'라는 '색안경'을 끼고 대상을 보는 것이다. 오랜 시간 동안
이러한 분별심으로 인한 갈등을 겪으면서 방황하다가, 마침내 자유
로운 삶을 살기로 한 결심을 흩뜨려 버리고 기존의 삶을 그대로 유
지해 버린다. 이것이 보통 사람의 삶이다. 그만큼 집착과 탐욕은 내
려놓기가 쉽지 않다.

재물 때문에, 몸 때문에 마음이 흩뜨려지거나 갈등이 생길 경우
사람은 태어날 때 빈손으로 와서 빈손으로 간다는 것을 떠올릴 필요
가 있다. 죽을 때 가져가는 것은 몸도 아니요, 재물도 아니다. 불교
에서는 업만 가져간다고 한다.

불교의 윤회사상에 의하면 몸은 옷과 같다. 옷이 해지면 다른 옷
으로 갈아입듯이 몸이 노쇠화되어 제대로 작동하지 않으면 그 몸을
버리고 다른 몸을 취하는 것이다. 영원히 존재할 마음을 풍요롭게
하는 삶이 제대로 된 삶이다. 가져 가지 못할 재물이나 몸에 얽매여
벗어나지 못하는 삶은 자유로운 삶이 아니다.

부처님은 '집착은 바다에서 소금물을 마시는 것과 같다'고 하였
다. 소금물은 많이 마실수록 목이 더 마르듯이 재물도 많이 모을수
록 더 많이 모으려고 한다. 적당한 선에서 멈추는 것이 필요하다. 분
수에 맞게 모으는 것이 지혜로운 삶이다. 자유로운 삶을 살려면 대

상 특히 재물에 대한 얽매임에서 벗어나야 한다. 내가 자유롭게 살지 못하는 원인은 재물 때문이 아니라 내 마음 때문이다. 재물에 대한 집착을 버리지 못하는 내 마음 때문에 자유로운 삶을 살지 못하고 있는 것이다.

2. 자유로운 삶과 행복

:: 행복은 인간의 본성

행복은 인간의 본성이다. 우리가 슬프거나 고통스럽게 생활하는 것보다 즐겁고 행복한 생활을 좋아하는 것을 보면 행복은 인간의 자연스런 본성임에 틀림없다.

철학자이자 수학자였던 파스칼은 '모든 사람은 행복을 추구한다. 여기에 예외는 없다. 행복을 추구하는 방법은 저마다 다를지라도 모두 한 지점을 향한다. 행복은 모든 사람의 모든 행동의 동기이다.'라고 하였다.

우리들은 본능적으로 끊임없이 행복을 찾고 있다. 행복한 사람은 얼굴만 보아도 알 수 있다. 입가에 떠오른 미소, 눈가에 잡힌 독특한 주름이 그것이다. 또한 시원하고 활기찬 태도에서 행복이 드러난다. 사람마다 삶의 목적이 다를 수 있지만 삶에서 얻으려는 것은 행복이다. 살면서 고통, 괴로움, 슬픔을 얻으려고 하는 사람은 없을 것이다.

행복이란 무엇인가?

행복은 저마다 자기방식대로 정의할 수 있을 정도로 복잡 다양한 개념이다. 행복은 지극히 개인적인 느낌이기 때문이다. 사회학자들은 행복을 자신의 삶을 긍정적으로 평가하는 느낌으로 정의하고 있고 불교에서는 삶을 고해(苦海)로 보고 그것에서 벗어나는 것을 행복으로 보고 있다. 성경에서는 구원 또는 하느님의 은총이 충만한 상태 등을 행복으로 보고 있다.

:: 행복이란?

국어 사전에서는 ① 욕구와 욕망이 충족되어 만족하거나 즐거움을 느끼는 상태 ② 불안감을 느끼지 않고 안심해 하거나 또는 희망을 그리는 상태에서의 좋은 감정으로 정의하고 있다.

사전에서 행복을 2가지 측면에서 정의하고 있는데, 2가지 모두 행복이 마음에서 느끼는 긍정적인 감정이라는 점에서 공통적이나, 전자는 원하는 무언가를 얻는 것으로 인하여 느끼는 감정을, 후자는 (왜 그런 감정을 가지게 되었는지 모르겠지만) 편안하고 좋은 감정이라는 점에서 차이가 있다. 전자가 외부의 '대상에서 찾는 행복'이라면, 후자는 자신의 '마음 안에서 찾는 행복'이다.

행복은 만족, 즐거움, 안심, 좋음 등이 아우러진 감정(느낌)이다. 따라서 행복은 원하는 무엇을 얻었을 때 또는 그에 관계없이 마음에서 느끼는 만족, 즐거움, 편안함과 같은 좋은 감정이라고 정의할 수 있다. 간단하게 정의하면 '평온한 마음의 상태'라고 할 수 있다.

스피노자도 '행복이란 자연에 대한 참된 인식에서 나온 마음의 평화'라고 하였다. 이는 자연 속에서 마음의 평화를 찾을 것을 주문한 것이다. 일부 종교에서는 진정한 행복은 욕구나 욕망을 채우는 것이 아니라 그런 욕구나 욕망에서 벗어나는 것이라고 주장하면서, 원하는 것을 채움으로써 얻는 행복을 세속적인 행복이라고 하여 구분 짓고 있다.

:: 행복을 경험하기 어려운 이유

지금도 많은 사람들이 행복이라는 무지개를 찾아 여기저기 기웃거리고 있다. 서점에 행복에 관한 책이 매달 새로이 진열되는 것을 보면 행복으로 가는 길은 아직도 인류가 풀지 못한 화두인 것 같다. 베일에 가려져 진면목을 제대로 전부 파악하지 못한 채 장님들이 코끼리를 만지고 서로 그 생김새를 이야기하고 있는지도 모른다. 간혹 행복으로 가는 길을 알려주는 사람도 있지만 그것은 개인의 특유한 행복으로 보편성이 떨어지거나 보통 사람인 우리가 가기 힘든 길이거나 황당한 내용으로 채워져 있어 실망스런 경우도 있다.

필자도 행복을 찾고 있다. 지금도 '어떻게 하면 더 행복해질 수 있을까'라는 탐심을 가지고 여기저기 기웃거리고 있다. 짧다고 할 수도 길다고 할 수도 없는 50년 세월을 살면서 행복한 순간을 여러 번 경험하였다. 과거를 기억해 보면 대학입시와 같은 각종 시험에서 좋은 점수가 나왔을 때, 취직했을 때, 결혼 했을 때, 처음으로 2세를 얻었을 때, 승진하였을 때, 주식투자로 돈을 벌었을 때, 처음 집을 샀을 때 등이다. 그런데 불만스러운 것은 그 행복의 지속 기간이 너무 짧았다는 것과 기억에 남는 행복 경험 횟수가 생각만큼 그렇게 많지 않았다는 것이다.

고려대 심리학자인 고영건 교수는 잡지 〈Financial Planning

2010년 7/8월호, 한국FP협회〉의 기고문 〈부자학 강의〉에서 우리들이 행복을 경험하기 어려운 이유에 대하여 행복이 가지고 있는 두 가지 패러독스(paradox) 때문이라고 주장하고 있다.

그 내용을 요약하면, 먼저 행복은 마치 신기루와 같아서 그것을 손에 넣고자 할 경우 결코 손으로 쥘 수 없다는 것이다.

영국의 철학자 밀(John S. Mill)은 스스로 행복한지 묻는 순간 바로 그 자신의 행복한 상태는 사라져 버린다고 하였다. 그에 따르면 행복은 결코 목적이 되어서는 안 된다고 하였다. 행복은 과정으로 경험할 수 있는 것이지 행위의 결과로서 주어지는 것이 아니라는 것이다.

심리학자 마스로우(Abraham Maslow)에 따르면 사람들이 가장 행복해하는 상황은 무언가에 열중하는 상황에서 얻게 되는 심리적인 절정경험(peak experience)을 맛보는 순간이라고 하였다. 행복의 경험을 확인하기 위해 스스로 자신이 몰입하고 있는지를 물으면 그 몰입이 깨어져 버린다. 그러므로 행복해지려면 행복을 경험하는 바로 그 순간에 스스로 행복한지를 자문해서는 안 된다는 것이다. 아이러니하게도 스스로 행복감을 인지하고자 노력하지 않는 경우에만 행복을 얻을 수 있다는 것이다.

두 번째는 자신이 가장 행복할 수 있는 일이라고 하여 그것을 계속하면 결코 행복해질 수 없다는 것이다.

시카고 대학 연구진은 일상활동에서 사람들이 주관적으로 가장 행복하고 또 그렇기 때문에 가장 하고 싶은 활동이 무엇이냐는 연구 결과, 식사와 섹스 그리고 수다와 사교활동이라는 결과를 얻었다. 그런데 이러한 활동이 커다란 행복감을 준다고 하여 날마다 섹스를 하거나 수다를 떨면서 살 경우 과연 행복할까? 아마 그렇지는 않을 것이다. 그 때마다 일시적인 만족감은 주겠지만 최고 수준의 몰입 상태까지 빠지지는 않을 것이다. 그래서 시카고 대학 연구진은 스스로 가장 행복해 할 수 있는 일을 하면 결코 행복을 맛볼 수 없다는 결론을 내리고 있다.

:: 영속적인 행복은 외부 대상에서 찾을 수 없다.

행복을 외부 대상에서 얻고자 할 때 그 대상이 무엇이냐, 즉 무엇을 얻었을 때 행복을 느끼느냐는 것은 각자의 인생관, 가치관에 따라 다르다. 행복을 얻고자 하는 대상이 돈일 수도 있고 지위나 권력일 수도 있다. 살면서 삶의 가치관이 바뀌듯이 그에 따라 행복의 대상도 바뀐다.

물질문명 속에서 살아가는 우리 현대인들은 적당히 필요한 돈을 가지고 오래오래 건강하게 사는 삶이 행복이라고 생각하는 사람들이 많다. 즉 경제적 안정, 건강, 인간관계, 자아실현을 위한 일 등이 골고루 갖추어졌을 때 행복을 느낀다고 생각한다. 그렇지만 행복이 가지고 있는 두 가지 패러독스처럼, 맛있는 것을 먹거나 섹스를 하면 처음에 한동안은 행복감을 느끼지만 매일 반복하다보면 행복보다는 강도가 약한 만족감으로 바뀌고 그 만족감도 점점 떨어져 마침내 일상의 평상심으로 되돌아와 그것에 무감각해져 있는 자신을 발견하게 된다. 사랑하는 사람과의 결혼이나 직장에서의 승진에서 큰 행복을 느끼지만 이러한 일들은 일생에서 몇 번 발생하지 않는다는 사실과 그 행복의 지속기간마저 길지 않다는 것이 우리를 슬프게 한다.

행복을 주었던 사람이 더 이상 행복을 주지 못할 때 '이 사람이 아니었나 보다.'하고 다른 사람을 찾아 나선다. 또 행복을 주었던 물건이 더 이상 행복을 주지 못할 때 '이 물건이 아니었나 보다.'하고 다른 물건으로 바꾼다. 마찬가지로 행복을 주던 곳이 더 이상 행복을 주지 않을 때 '이곳이 아니었나 보다.'하고 다른 곳으로 찾아 가게 된다. 이처럼 외부의 대상, 즉 사람, 재물, 장소, 지위, 명예 등에서 찾은 행복은 '일시적인' 행복이다. 그리고 '조건부' 행복이다. 행복을 준 대상이 없어지면 일시적인 행복마저 사라진다. 무조건적인 행복이 아니다. 결론적으로 외부의 대상에서 '영속적인' 행복을 찾기가 어렵다는 사실을 알 수 있다.

　행복은 인간의 본성이므로 어떤 환경에서 태어나 자랐든 간에 인간은 행복이 어떤 느낌인지 잘 알고 있다. 우리들은 행복을 좋은 느낌으로, 불행을 나쁜 느낌으로 금방 이해한다. 이처럼 행복은 느낌이라는 감정이다. 그 느낌은 대부분 대상으로부터 얻는 좋은 감정이다. 감정은 생각, 인식, 의식과 같이 마음작용의 하나이다. 돈을 많이 소유하고 있더라도 마음에서 행복을 느끼지 못한다면 돈에서 행복을 찾을 수 없다. 큰 병이나 큰 사고를 겪고 난 뒤 지금 건강하다거나 살아 있는 그 자체만으로도 행복을 느낀 경우가 종종 있을 것이다. 이처럼 대상이 행복을 주는 것이 아니다. 대상을 받아들이는 마음 상태가 행복을 좌우한다. 따라서 행복은 소유 대상에서 찾을 것이 아니라 마음에서 찾아야 한다.

　달라이 라마는 다음과 같이 행복을 정의하고 있다.

　'삶의 목표는 행복에 있다. 종교를 믿든 안 믿든, 또는 어떤 종교를 믿든 우리 모두는 언제나 더 나은 삶을 추구하고 있다. 따라서 우리의 삶은 근본적으로 행복을 향해 나아가고 있는 것이다. 그 행복은 각자의 마음 안에 있다는 것이 나의 변함없는 믿음이다.'

진정한 행복을 위해서는 끝없는 경쟁과 채워지지 않는 탐욕을 위해 바쁘게 사는 것보다 천천히 여유를 가지고 자신의 마음을 성찰하는 자세가 필요하다. 자신의 마음이 어떻게 생겼는지, 어떤 것을 좋아하는지, 무엇을 원하는지를 파악하는 수행이 필요하다. 아침에 눈을 뜨자마자 일, 사람 등 외부 대상을 챙기는 것보다 삶의 주체인 자신의 마음이 어떤지를 먼저 챙겨야 한다. 쉽게 행복을 느끼고 사소한 것에도 행복을 느끼며 숨쉬는 그 자체만으로도 행복해 할 수 있는 마음이 되도록 챙긴다면 그 사람은 일상사가 모두 행복이다.

세속에서 벗어나 살지 않는 한 재물, 지위, 명예를 추구하지 않을 수 없다. 그렇지만 우리들이 행복을 추구하는 한, 외부 대상에 치우친 삶은 피곤하다. 왜냐하면 그것을 통해 얻는 행복은 길지도 않고 일시적이거나 찰나적인 것이기 때문이다. 그럼에도 불구하고 그것을 얻기 위해 우리는 너무나 많은 삶의 에너지를 쏟아 붓고 있다. 영속적인 행복을 찾아 세속을 떠나 절이나 교회와 같은 종교단체에서의 영적 생활에 전념하는 것도 하나의 방법이 될 수 있으나 평범한 일상사를 사는 우리들이 쉽게 취할 수 있는 방법은 아니다.

세속을 떠나지 않고 자본주의 경쟁사회를 살아가기로 한 필자와 같은 사람들은 '행복은 마음에서 찾는 것이다'라는 사실을 삶의 바탕에 깔고 그 위에서 분수에 맞게 대상을 추구하는 삶이 최선이라고 생각한다. 삶의 가치관에 따라 사람마다 서로 다르겠지만 필자와 같이 세속에 물든 사람으로서, 일정 수준의 재물을 모으면서 검소하게 살되 영적 성장이 함께 할 수 있도록 조화를 꾀하면서 사는 것이 마음에서 행복을 찾는 최선의 길이라고 여기면서 그렇게 살려고 한다.

:: 행복은 몸과 마음이 함께 할 때 느낀다.

사람들에게 일상생활에서 짧은 순간이나마 행복을 느낀 순간을 회상해 보라고 하면, 애인을 기다릴 때, 많은 땀을 흘린 끝에 산 정상에 섰을 때, 거울 보며 화장할 때, 점심 식사 후 담배 한 개피를 피울 때, 눈에 넣어도 안 아픈 귀여운 손자 전화를 기다릴 때, 생각지도 않은 돈이 생겼을 때 등을 이야기 한다.

이런 순간들은 마음이 몸 가까이 머무를 때이다. 몸 밖에서 헤매던 마음이 어떤 사람, 장소, 물건에 대한 만족감으로 몸에 잠시 머물러 있는 순간이다. 즉, 밖으로 향하거나 향해 있던 마음이 자신의 본성과 결합할 때이다. 한마디로 몰입 상태에 빠져 있을 때이다. 따라서 마음이 여러 가지 생각으로 분산되어 있거나 몸에서 멀리 떨어져 있는 경우 행복을 느끼지 못한다.

무엇이 인간을 행복하게 만드는지에 대한 연구에 평생을 바친 시카고대학의 칙센미하이 교수도 '활동 자체'에 빠져드는 몰입의 상태가 지속되면 만족을 얻고 행복을 느낀다고 주장하였다.

'마음은 몸에 머물러 있을 때가 제일 행복하다. 지속적인 행복을 느끼려면 자신의 마음이 몸으로부터 떠나지 않도록 해야 한다. 무엇을 하던 그 일에 마음이 몰입되도록 하여야 한다. 그런데 사람인 이상 하루에도 수천 수만 가지 생각들로 마음을 채우게 된다. 바로 지금 여기서 어떤 일을 하면서도 그 일과 관계없는 과거 생각, 오늘 할 일, 미래 생각, 건전하지 못한 생각들이 수시로 들락날락한다. 그래서 현재 하고 있는 일만 생각하도록 하는 수행이 필요하다.'

우리들은 일을 하면서 '하고 있는 일'에 마음을 집중하지 못하고 엉뚱한 생각에 빠지는 경우가 많다. 어떤 생각들에 집착하여 현재 하고 있는 일을 알아차리지 못하고 있는 경우를 말한다. 예를 들어 밥을 먹으면서도 밥 먹는 행위에 집중하지 못하고 계속 다른 생각을 하다가 어떻게 밥을 먹었는지, 반찬이 어떠했는지도 모른 채 식사를 끝마치는 경우가 종종 있다. 그 생각은 '현재'와 관계없는 과거와 미래에 관한 생각이 대부분이다. 현재 '하고 있는 일', 즉 밥, 반찬 등을 먹는 것과 관련된 생각이 아니다. 그렇기 때문에 밥 먹는 것에서 행복을 느끼지 못하고 과거 어떤 불쾌한 일들에 대한 생각들이 계속 떠오르는 바람에 오히려 고통스런 식사를 한다. '현재', '하고 있는 행위'에 마음을 집중하기 어려울 경우 별도의 수행이 필요하다. 대표적인 것이 명상이다.

:: 행복은 현재에 있다.

영속적인 행복은 마음에서 찾아야 한다는 것 못지 않게 또 알아야 할 것이 있다. 행복은 미래가 아닌 현재에서 찾아야 한다는 사실이다. 오지 않을지도 모를, 미래의 행복을 위해 현재를 희생하는 삶은 현명하지 못한 선택이다. 언제 죽을지 모르는 것이 인생이다. 내일 이 세상에 나는 없을지도 모른다. 따라서 미래의 행복을 위해 현재를 담보해서는 안 된다.

우리는 미래에 대한 계획 — 추상적이거나 공상에 가까운 — 이나 불안, 과거에 대한 추억과 회한에 사로잡혀 현재를 경시하는 경향이 있다. 가족, 친구, 직장 사람들과 한 잔 술을 마시면서 나누는 이야기 대부분이 과거 아니면 미래에 대한 이야기이다. 현재 삶에 대한 이야기는 빠져 있는 경우가 대부분이다.

톨스토이는 '세상에서 가장 중요한 때는 언제인가? 가장 필요한 사람은 누구인가? 가장 중요한 일은 무엇인가?'라는 질문에 '가장 중요한 때는 바로 지금이고, 가장 필요한 사람은 지금 내가 만나고 있는 사람이고, 가장 중요한 일은 바로 내 옆에 있는 사람에게 선행을 하는 일'이라고 답하였다.

법정스님은 '행복은 다음에 이루어야 할 목표가 아니라 지금 이 순간의 삶 속에 존재한다. 대부분의 사람들이 행복을 삶의 목표로 삼으면서도 지금 이 순간의 행복을 놓치고 있다. 언제 어디서든 바로 그 순간에 행복을 만들고 누릴 수 있는 것이지 어느 특정한 기회, 특정한 시간에 행복을 이룰 수 있다고 착각하지 말아야 한다'고 하였다.

부처님의 가르침에도 '과거를 돌아보지 마라. 미래를 바라보지 마라. 과거는 이미 버려진 것이다. 그리고 미래는 아직 도래하지 않았다. 다만 현재의 것을 관찰하고 간파하여 실천하라. 오늘 해야 할 일을 열심히 하라'고 하였다.

현대 사회는 수많은 돌발적인 사고로 목숨을 잃는 경우가 너무나 많다. 술 먹다가 사소한 시비로 인한 사망, 군 제대 며칠 앞두고 발생한 사고로 인한 사망, 출근 도중 교통사고로 인한 사망, 화재로 인한 사망 등 주위에 흔히 발생하는 사고들이다. 그렇지만 우리들은 '그건 남의 일이지 내 일이 아니다. 나에게는 그런 일이 일어나지 않을 것이다.'라는 생각 속에 살고 있다. 그렇지만 결코 남의 일이 아니다. 인간인 이상 언젠가는 죽는다. 죽음은 예고 없이 찾아온다. 불시에 찾아오는 죽음을 피할 수 없는 운명이라면 오늘 최선을 다하여 후회 없이 사는 것이 유일한 해결책이다. 오지 않을지도 모를 미래에 치중하느라 오늘을 헛되이 보내지 않도록 해야 한다.

세속적인 행복은 대부분 원하는 것을 소유할 때 느끼는 행복이다. 마음에 두고 있는 것을 소유할 때 일어나는 느낌이다. 마음과 소유가 하나 되었을 때, 마음이 소유에 머물 때, 그 순간에 느끼는 일시적 감정이다. 그 감정은 현재의 느낌이다. 과거나 미래의 느낌이 아니다. 현재를 사는 삶이 실재하는 삶을 사는 것이고 현재 느끼는 행복이 실재하는 행복이다. 과거의 행복이나 미래로 미루어 놓은 행복은 실재하는 행복이 아니다. 안 올지도 모를 미래의 행복을 위해, 현재의 행복을 포기하고 정신 없이 바쁘게 사는 삶은 실재하는 삶을 사는 것이 아니다. 분수 이상의 은퇴자금을 모으기 위해 '현재 불편한 삶이지만 또는 재미없는 삶이지만 참고 살자. 허리띠를 졸라매고 살다 보면 늙어서 노후에 행복하게 살 수 있을 것이다'라는 마음으로 사는 삶도 실재의 삶이 아니다. 행복은 지금 여기에서 느껴야 한다.

인도의 어느 한 현자에게 한 방문객이 과거의 불행과 미래의 불안을 털어놓았더니 '이제 더 이상 존재하지 않은 것과 아직 존재하지도 않는 것을 두고 왜 번민합니까?'라는 이야기와 마티유 리카르의 〈행복 요리법〉에서 '해결책이 있다면 불안해 할 필요가 없지 않는가? 그리고 해결책이 없다면 불안해 한들 무슨 소용인가?'라는 반문은 미래의 은퇴에 대한 불안으로 고민하는 현대인들에 대한 좋은 답이 될 것이다.

:: 행복은 대상에 대한 과거정보로 분별한다.

소유하고자 하는 대상을 얻었다고 생각하는 그 순간 '맨 처음'에는 아무런 느낌이 없다. 굳이 그 느낌을 이야기하라고 한다면 드디어 소유했다는 생각 정도이다. 그 다음 아주 짧은 순간, 과거 자신의 기억 속에 저장해 둔 각종 정보 중에서 소유 대상과 관련된 정보(예를 들어 자동차를 소유하면 마음대로 어디나 갈 수 있다, 콩나물 시루 같은 출근버스를 타지 않아도 된다는 등)가 '맨 처음' 느낌에 달라붙으면서 그 정보를 근거로 '느낌이 어떻다'라고 판단하고 분별하는 인식과정을 거친다. 그리하여 '행복하다', '불행하다', '그저 그렇다'라는 느낌(반응)을 가지게 된다. 그 느낌이 지속되는 동안 행복도 지속된다. 그리고 점점 시간이 지나면서 '그저 그렇다'는 분별이 작용하여 마침내 일상적인 감정으로 되돌아 가게 된다. 이렇게 하여 행복은 그 수명을 다하게 된다.

행복이 생겨서 소멸하는 과정을 간단하게 도식화하면 다음과
같다.

대상 소유(접촉) － 맨 처음 느낌(소유의 느낌) － 기존 관련정보(분별
기준) 선택 － 분별(행복 또는 불행) － 반응(행복) － 반응의 지속 － 반
응 소멸(일상적 감정 회복)

어떤 대상을 소유했을 때 행복하다 또는 불행하다고 느끼게 만드
는 것은 소유한 대상이 아니라 그 대상에 대한 정보와 그 정보들에
의해 형성된 고정관념이다. 정보 또는 고정관념은 그 대상을 소유하
는 것이 행복한 것인지 아닌지를 판단하는 기준이 되므로 이를 분별
기준 또는 판단기준이라 한다. 분별·판단기준은 그 대상에 대한 기
존 정보를 말하며 기억이라는 창고에 저장되어 있다. 우리들은 태어
나서 지금까지 기억 속에 들어온 정보를 바탕으로 생각하고 느끼고
판단하며 살아가고 있다. 마찬가지로 행복도 우리가 가지고 있는 정
보나 고정관념을 토대로 분별하고 판단한다.

곧 결혼할 예비신부는 대부분 행복에 젖어 있다. 결혼에 대해 자
신이 가지고 있는 여러 가지 정보와 고정관념을 토대로 수많은 환상
(생각)의 나래를 펼친다. 그러는 가운데 서서히 행복이라는 감정 속에
빠져드는 일련의 과정을 밟게 된다.

그녀를 행복한 감정 속에 빠뜨린 정보는 무엇일까? 그것은 지금까지 그녀가 결혼과 관련하여 듣고 배운 정보들이다. 사람마다 그 정보 내용이 약간씩 다르지만 같은 사회집단 내에서는 비슷한 정보를 가지고 있다. 소속된 사회의 통념에서 크게 벗어나지 않는다.

예컨대, 우리나라의 경우 결혼에 대해 가지고 있는 정보로는, 애인과 헤어지지 않고 한 집에서 살 수 있다, 사랑하는 사람과 사랑을 나누면서 매일 행복하게 살 수 있다, 안정적인 생활을 할 수 있다, 골치 아픈 직장을 그만 둘 수도 있다, 결혼은 사랑하는 사람과 하는 것이다 등이다.

생일 선물로 똑같이 꽃을 애인에게 주었는데 어떤 사람은 행복을 느끼고 어떤 사람은 그저 그런 느낌을 가질 수도 있다. 꽃을 받고 행복을 느끼는 사람은, 꽃은 상대방에 대한 애정의 표시로 종종 선물되는 것이다, 꽃은 아름답다, 아름다운 것을 보는 것은 행복이다 등과 같은 정보들을 기억 속에 가지고 있다. 반면에 행복을 느끼지 못하는 사람은 이러한 정보가 기억 속에 저장되어 있지 않거나 꽃에 대한 좋지 않은 경험정보가 쌓여 있기 때문이다.

:: 행복은 내 정보로 분별하여야 한다.

우리의 기억 속에 있는 대부분의 정보는 내가 만든 정보라기보다는 대부분 남이나 사회가 만든 정보이다. 부모로부터 태어나서 자라면서 외부로부터 받은 정보이다. 따라서 내가 아닌 남이 만든 정보를 토대로 내 감정을 결정하고 있다. 돈이 많으면 원하는 것을 살 수 있기 때문에 부자는 행복하다는 정보는 내가 만든 정보가 아니다. 내가 태어나 주위에서 듣거나 배운 정보이다. 따라서 이러한 정보를 폐기 처분하거나 수정하거나 새로운 내용으로 채우면 그 정보를 근거로 새로이 '행복하냐?' 아니면 '불행하냐?'를 분별하게 된다. 사회통념에서 벗어날 경우 소위 괴짜, 기인, 특이한 사람이라고 불려지기도 한다. 그렇지만 주도적인 삶을 살기로 한 사람은 내가 만든 정보로 분별하여야 한다. 괴짜라고 불릴지라도 말이다.

홍길동은 어디서나 은퇴 후 행복하게 살려면 10억원 정도는 있어야 한다고 주장을 하고 있다. 그 근거로 신문이나 책에서 얻은 지식을 인용하거나 금융기관 직원들에게서 들은 이야기를 꺼내곤 한다. 주식으로 큰 돈을 벌어 행복하게 은퇴생활을 하는 꿈을 꾸기도 한다. 그런 홍길동이 돈으로 인하여 마음 고생을 하던 중에 고등학교 친구로부터 다음과 같은 이야기를 듣게 되었다.

"평생 할 일이 있고 검소하게 살면 큰 돈 없어도 행복하게 살 수 있다. 오늘이 쌓여 내일이 만들어지므로 매일매일 최선을 다해 살면 미래의 은퇴 생활도 행복할 수 있다"

그리고 법정스님의 책을 비롯하여 무소유, 영적 성장, 행복 등을 주제로 하는 책을 섭렵하게 된다. 그리고 마침내 돈과 삶, 은퇴에 대한 개념(정보)을 바꾸게 되었다. 은퇴하더라도 소일거리가 있고 건강하고 화목한 가정, 친구, 즐거운 여가활동을 할 수 있다면 10억원이라는 돈이 준비 되지 않더라도 행복하게 살 수 있다는 자신만의 정보를 가지게 되었다고 가정하자.

홍길동이 은퇴하려면 10억원이 있어야 한다는 정보를 가졌을 때는 은퇴 이야기만 나오면 불안과 두려움이 마음에서 일어나 현재 자신의 삶이 불행하다고 생각하였을 것이다. 그러나 은퇴에 대한 개념을 후자처럼 바꾼 다음에는 은퇴 이야기가 나오더라도 미래에 대한 불안을 느끼지 않기 때문에 평상심을 가지고 현재를 행복하게 살아갈 수 있게 되었다. 은퇴에 대한 과거 정보를 홍길동 자신의 정보로 바꾼 결과이다.

학교를 졸업하고 처음 직장에 출근하게 된 신입사원이 '상사에게 잘 보여야 한다, 상사가 퇴근할 때까지는 퇴근하지 말고 책상에 붙어 있어야 한다, 상사가 마음에 들지 않더라도 그 앞에서는 절대 내색해서는 안 된다, 회식 때에는 분위기를 맞추기 위해 못 먹는 술도 먹어야 한다.' 등 취직하기 전에 선배들이나 주위사람들에게 들은 정보와 직장 상사는 스트레스를 주는 존재라는 고정관념을 가지고 직장생활을 할 경우 직장은 스트레스나 고통이다.

그러나 '직장에서의 상사는 나를 한 단계 높은 인간으로 성숙시켜주는 멘토이다, 현생에서 옷깃 한 번 스치기 위해서는 전생에 수천 번 만나는 인연이 있어야 한다는데 상사와 나는 전생에 아마 가족이었을지도 모른다, 직장은 삶의 의미를 구현하는 장소이다, 직장 동료·선후배는 또 다른 가족이다.'라는 정보가 머리 속에 심어져 있다면 직장은 즐겁고 행복한 곳이 된다.

어떤 대상의 소유에 대하여 행복을 느끼지 못할 경우 그러한 느낌이나 생각을 가지게 만든 내 기억 속의 정보를 찾을 필요가 있다. 그리고 그 원인 정보나 고정관념을 내가 행복하기 위해 필요한 정보로 바꾸는 노력이 필요하다. 남으로부터 배우거나 책을 보고 익혀 기존 정보와 고정관념을 바꾸거나 명상이나 종교를 통한 수행으로 바꾸는 것도 하나의 방법이다. 사람은 자신이 가지고 있는 정보와 고정관념에 둘러싸여 그 테두리 밖의 세상을 잘 보지 못하고 있다. 최근 명상, 참선 등의 수행이 널리 퍼지고 있는 것은 그 테두리를 깨고 그 이상의 세계를 보기 위한 활동의 일환이라고 할 수 있다.

우리가 일상적인 것에서 행복을 느끼지 못하고 부자가 되거나 결혼, 승진, 해외여행과 같이 비일상적인 사건을 통해서만 행복을 느낀다면 일생 동안 느끼는 행복의 양은 너무나 작을 수밖에 없다. 행복의 속성상 그 어떤 행복도 오래 지속되지 못한다는 사실과 결혼, 승진 같은 특별한 사건은 일생 동안 자주 발생하지 않는다는 사실 때문이다.

욕심은 끝이 없다. 무엇이건 무리하게 얻는 것은 탐욕이다. 자신의 능력을 넘어선 탐욕은 좌절과 고통으로 끝난다. 특히 재물이나 지위, 명예를 통해 영원한 행복을 얻으려는 사람의 결말은 불행으로 끝나기 쉽다. 현재 자신의 형편이나 환경에 만족하면서 매일매일의 사소한 일상 생활에서 행복을 찾는 것이 행복의 절대량을 늘리는 최고의 방법이다. 행복의 절대량을 늘리려면 밥 먹고, 일하고, 쉬는 일상생활 속에서 접하는 사소한 것에서 행복을 느껴야 한다. 그러기 위해서는 우리가 기억하고 있는 일상생활에 대한 기존 정보를 바꿔야 한다. 일상생활에서 접하는 것들을 보고, 듣고, 느낄 때 그것을 행복하다고 분별할 수 있도록 하는 정보들로 자신의 기억 창고에 가득 채우는 것이 필요하다.

법정스님은 '꼭 돈을 들여야만 삶을 즐길 수 있는 것은 아니다.

자연에서 무한한 즐거움을 찾을 수 있다. 산·바다·강·달·별, 구름·나무·꽃·바람 등 이들을 바라보고 교감할 수 있는 열린 가슴을 가지면 된다. 마음의 문만 열면 어디서나 마주칠 수 있다.'고 하였다.

사물을 보는 눈, 사고방식, 가치관, 성격 등 기억 속에 있는 기존 정보와 고정관념을 새롭게 고쳐야 한다. 돈·지위·명예에 대한 사회의 고정관념과 부정적이며 어둡고 패배주의적인 정보를 버리고 그 빈 자리에 자연의 아름다움을 볼 줄 아는 심미안, 작고 사소한 것에 만족할 수 있는 정신적 여유, 삶에 대한 자기통제, 낙천적이고 긍정적인 성격, 사교적 성격, 삶의 의미나 목표에 대한 새로운 정보, 관념, 사상, 철학으로 채워 넣어야 한다. 그때 우리는 세상 모든 것을 아름답고, 긍정적으로 보게 되고 비교하지 않는 삶을 살면서 일상에서 행복을 찾을 수 있다.

:: 진정한 행복은 마음의 평화 속에서 싹 튼다.

행복을 느끼고 그 느낌을 오래 간직하려면 마음이 평화스러워야 한다. 마음이 불안하면 결코 행복할 수 없다. 아무리 많은 돈을 가졌더라도 마음이 불안하면 행복을 오래 붙들어 둘 수 없다.

법정스님은 행복은 마음의 평화에서 찾을 것을 주장하면서 '주어진 상황을 그대로 받아들이면서 만족할 때 마음의 평화가 온다'고 하였다.

마음의 평화는 현실을 인정하고 거기에 만족할 때 얻을 수 있다는 방법론까지 제시한 것이다. 분수에 만족하는 삶이 마음의 평화를 얻는 최선의 지름길인 것이다. 마음이 평화롭고 청정할 때 각종 집착과 탐욕에서 벗어 날 수 있다. 그러나 마음이 불안하고 각종 생각으로 번뇌에 휩싸여 있을 때에는 집착이나 탐욕에서 벗어 날 수 없다. 집착이나 탐욕, 번뇌를 객관적으로 관조할 수 없기 때문이다. 그리고 욕심, 두려움과 같은 인간 본능에 충실히 움직이게 된다. 행복은 집착과 탐욕으로 가득 차있는 마음 속에서는 자라기가 힘들다. 그렇지만 세상을 관조할 수 있는 청청하고 평화로운 마음 속에서는 조그만 일에도 행복을 느낄 수 있다.

평온한 마음을 가지게 되면 분수에 만족하는 삶을 살 수 있게 된다. 분수에 만족하며 살게 되면 탐욕에서 벗어나기 때문에 마음의 평화가 찾아온다. 이처럼 양자는 서로가 서로를 불러들이면서 선순환을 하게 된다. 마음이 불안하면 현실을 그대로 인정하고 그것을 자신의 분수로 받아들여 만족할 때 마음은 안정되면서 평화로워진다. 마음이 평화로우면 분수 이상의 욕심을 부리지 않으므로 집착이나 탐욕에서 벗어나게 된다. 따라서 그 삶은 분수에 만족하는 삶, 검소한 삶이 된다. 그리고 마음은 더욱더 평화로워진다. 그리고 그 평화 속에서 행복이 싹튼다.

:: 행복하기 위한 바람직한 삶의 자세

재물이 지나치게 많을 경우 소유와 탐욕에 빠져 평온한 마음을 가지기가 어렵다. 따라서 마음의 평화를 얻을 수 있는 정도, 즉 분수에 맞는 재물을 가지는 것이 좋다. 그 이상을 가지면 마음의 평화는 깨어질 가능성이 높다. 무소유정신을 실천할 경우 분수에 맞게 돈을 모으되 넘치는 것은 이웃에 베풀기 때문에 마음의 평화를 보다 쉽게 얻을 수 있다. 부자마인드와 무소유정신을 함께 실천하는 경우 무소유정신으로만 살아가는 것보다 마음의 평화를 더 빨리 얻을 수 있다.

물이 흘러 그릇을 채우게 되면 그 넘치는 물은 또 다른 그릇을 채우게 되듯이, 부자마인드를 통하여 돈을 벌어 자신의 그릇을 보다 빨리 채우게 되면 ─ 분수에 맞은 생활을 한다면, 즉 무소유정신을 실천한다면 ─ 그 넘치는 돈으로 ─ 부자마인드를 실천하지 않을 때

보다 더 많은 부를 더 일찍 — 이웃과 함께 하는 삶을 살 수 있게 된다. 나아가 돈에서 자유로워져서 정신적 부를 쌓는 영적인 생활에 더 많은 시간을 투자할 수 있게 되어 결과적으로 더 빨리 더 쉽게 마음의 평화를 얻게 될 것이다. 물론 부를 모으는 동안 소유에 대한 집착과 탐욕에서 벗어나 무소유정신을 실천할 수 있는 마음수행이 전제되어야 한다.

'지금 현재'의 일에 몰입하는 삶을 살아야 한다. 과거에 연연하거나 미래의 불안이나 희망에 사로잡혀 현재를 희생하지 않아야 한다. 인생은 현재의 삶이 하루하루 쌓여 만들어진다. 그러므로 현재에 최선을 다하는 삶을 충실하게 살아야 한다. 부자나 성공도 중요하지만 그 욕구를 충족시키기까지의 과정도 행복해야 한다.

아리스토텔레스는 '행복은 행위의 결과가 아니라 행위 그 자체, 즉 생활에 있다.'고 하였다. 행복을 추구하는 행위는 결혼, 부자가 되는 것에서 끝나는 것이 아니라 그 이후에도 지속된다. 행복은 결과가 아니라 과정이다. 행복의 절대량을 늘리려면 일상생활 전반에 걸쳐 행복을 느낄 수 있도록 행복에 대한 기억정보를 나만의 행복정보로 바꾸어야 한다. 행복이라는 감정, 느낌은 오래 가지 않는다. 지속기간이 매우 짧다. 성공을 통해 얻는 행복은 순간적이고 일시적인 행복이다.

선은 점의 연속이다. 오래오래 행복을 느끼려면 일상생활에서 순간순간 행복을 자주 느낄 수 있어야 한다. 그러려면 매일의 일상생활과 자연 속에서, 사소한 것에서 행복을 느낄 수 있도록 기존 기억정보를 바꾸는 수행이 필요하다.

행복은 마음에 있다. 마음이 평온하면 살아 숨쉬고 있는 사실, 그 자체만으로도 행복을 느낄 수 있다. 외부의 재물이나 지위에서 찾은 행복은 마음의 평화가 깨지면 같이 사라진다. 재물이나 지위를 얻는 것 못지 않게 마음의 평온을 찾는 것도 중요하다. 힘써 얻은 재물이나 지위를 반갑게 맞이해줄 마음을 만들어 놓지 못한다면 그것들을 얻기 위해 애써 노력한 시간과 에너지는 헛되이 낭비한 꼴이 된다.

삶에는 성찰이 필요하다. 끊임없이 자아와 대화를 나누고 반성하는 과정이 있어야 삶에 대한 통찰과 식견을 갖출 수 있다. 성찰이 없는 삶은 과거의 삶을 되풀이할 뿐이다. 행복한 삶을 살려면 과거의 삶에 대한 매일매일의 성찰이 필요하다.

분수에 넘치는 탐욕에서 벗어나 소유에 얽매이지 않고 내 마음을 불편하게 하는 행동이나 말은 피하고 하루하루를 즐겁게, 최선을 다해 남을 의식하지 않으며 자기답게 살면서 이웃과 더불어 살 때 마음의 평화가 찾아 온다. 이것이 삶의 기술이다. 기술은 반복해야 체화(體化)된다. 삶의 기술을 행복코드에 맞추어 반복하는 지혜가 필요하다.

3. 자유로운 삶과 검소한 삶

물질적으로 풍요로운 경우 소유에 대한 욕망과 집착이 마음 속에 꽉 차있어 영혼이 자리하기 어렵다. 또한 진리에 대한 자각도 하기 힘들다. 당연히 타인에 대한 자비심은 더욱더 자라기 힘들다.

법정스님은 '인간이 소유물에 사로잡히면 소유라는 비좁은 골방에 갇혀서 정신의 문이 열리지 않는다'고 하였다. 반면에 '맑은 가난은 마음의 평안을 가져다 주고 올바른 정신을 지니게 한다'고 하였다.

좋은 집, 화려한 옷, 맛있는 음식으로 둘러싸여 있는 사람일수록 그의 의식은 풍요로운 소유물을 지키고, 더 많이 소유하는 쪽으로 집중될 수밖에 없다. 10개 가진 사람은 어떻게 하면 1개를 더 소유할 수 있을 것인가에 의식을 집중할 것이고, 10개를 가진 사람이 1

개를 잃어버린 경우 다시 채우려고 애쓸 것이다. 그리고 항상 남과 비교하여 더 많이 가지려고 한다. 한두 개를 가졌을 때는 몇 개 되지 않기 때문에 소유물 이외에 관심을 둘 수 있는 삶의 여백과 정신적 여유가 있다. 그러나 점점 소유물이 늘어나면서 그에 대한 집착과 더 많이 가지려는 욕망이 겹치면서 소유물 이외에 대한 관심은 점점 줄어든다. 가랑비에 옷 젖듯이 자신도 모르게 소유물에 의한 소유가 이루어진다. 집·옷·음식 등 소유물이 자신의 관리인으로서 소유자인 우리를 고용하는 현상이 벌어진다. 우리는 우리가 그들을 소유하고 있다고 생각하지만 소유물의 입장에서 보면 그 반대다. 그러나 우리들은 그것을 알아차리지 못한다. 서서히 조금씩 수십 년을 거쳐 낙수물이 바위를 뚫듯이 이루어졌기 때문이다.

애완견을 너무나 사랑하는 사람이 있다. 그는 자식보다 개가 더 좋다고 할 정도다. 퇴근하고 현관문을 열면 너무나 열광적으로 반긴다고 한다. 그때 그 기분은 애완견을 키워보지 않으면 모른다고 하였다. 대부분 애완견을 데리고 외출하지만 혼자 집에 놔두고 갈 수밖에 없는 경우 잘 있는지 항상 걱정된다는 것이다. 이 경우 누가 누구를 소유하고 있다고 할 수 있을까?

가난하고 물질적인 면에서 부족한 그래서 불편한 농업사회에서 산업사회, 정보사회, 지식사회를 거치면서 풍족하고 편리한 것들로 둘러싸이게 되어 소유물에 대한 집착과 욕망이 우리들의 의식을 지배하기 시작하였다. 그리하여 오늘날 대부분의 사건사고, 나아가 환경문제는 소유물에 대한 집착과 탐욕에서 그 원인을 찾을 수 있다. 이런 지경까지 온 것은 집착과 욕망 때문에 자연이나 타인을 조금이라도 생각하는 자비심이 없어지고 자신의 온전한 마음을 잃어버리고 제정신을 차리지 못한 상태에서 일어난 결과의 산물이다.

소유물에 대한 집착과 탐욕은 대부분 우리들의 몸을 위한 것이다. 우리들은 몸이 편하고자 자동차를 사고 집을 넓히고 맛있는 음식을 먹는다. 우리 몸을 위해 돈을 더 많이 벌려고 우리의 귀중한 생명과 에너지를 사용하고 있는 것이다. 정작 몸을 지배하는 우리의 주체인 영혼을 위해서 하는 것은 별로 없다. 그나마 일주일 중 하루이틀 교회나 절에 가는 것이 전부이다. 그러나 그것도 그곳에서 영혼을 기름지게 하기 위해 기도하는 것보다 우리 가족의 건강, 배우자나 자식의 승진을 기원하거나 사업이 잘 되기를 비는 경우가 대부분이다. 영혼을 위한 자리에서도 몸을 위한 기도를 하는 것이다. 죽을 때 가져가지 못하는 몸인데도 불교의 윤회사상에 의하면 다음 생으로 이어지는 영혼에 대해서는 소홀하다 못해 그 존재 조차 기억하지 못하고 있는 것이다. 이것은 산업사회 이후 물질 중심의 사회가 만든 부작용이다. 물질사회, 경쟁사회가 우리들 삶을 물질 중심의 삶으로 만들어 버린 것이다.

오늘날 스스로 깨어나 물질중심의 삶, 소유중심의 삶에서 자아중심의 삶, 영적인 삶으로 돌아가려는 사람을 찾기가 매우 힘들다. 절이나 교회 등 종교단체들도 물질에 찌든 곳이 많은 것이 현실이다.

그러나 최근 무소유를 실천하려는 사람이 조금씩 늘고 있는 것 같다. 법정스님의 책이 베스트 셀러가 되고, 영국의 마크 보일(30세)이 최근에 쓴 〈돈 한푼 안 쓰고 1년 살기〉, 19세기 중엽까지 살다간 헨리 소로우의 〈월든〉 등 무소유 관련 책들이 등장하고 있는 것이 그 증거이다.

삶이 팍팍할수록 우리는 제정신을 차려 자신의 온전한 마음을 찾아야 한다. 그리고 가슴 속 영혼의 목소리에 귀 기울이고 무엇이 진리인지 자각할 수 있는 마음의 여유를 찾아야 한다. 나아가 자연과 타인을 생각하는 자비심도 자랄 수 있도록 하여야 한다. 현자들은 자신이 진리에 눈 뜨고 행복해지면, 자연적으로 타인을 위한 자비행(慈悲行)으로 마음이 가게 된다고 이야기하고 있다. 자신이 불행하면 타인을 돌볼 마음의 여유가 없다.

법정스님은 삶을 제대로 살 줄 알아야 한다면서 '소유에 집착하면 그 집착이 우리들의 자유를, 우리들의 자유로운 날개를 쇠사슬로 묶어 버린다. 그것은 또한 자기실현을 방해한다.'라고 하였다. 그리고 무엇을 갖고 싶다는 것을 비이성적인 열정으로 보고, 비이성적인 열정에 들뜰 때 그것은 벌써 정신적으로 병든 것이라고 지적하였다.

또한 '우리의 목표는 풍부하게 소유하는 것이 아니라 풍성하게 존재하는 것이다. 삶의 부피보다는 질을 문제 삼아야 한다.'면서 채우려고 하지 말고 텅 비울 것을 요구하였다. 가구, 전자제품, 기타 물건들로 채워질수록 자신의 존재 자체가 설 자리는 줄어든다. 텅 비었을 때 느끼는 충만감이 제대로 된 삶이라고 역설하였다. 그리고 텅 빈 곳에서 영혼의 메아리가 울려 나온다고 하였다.

인간의 궁극적인 목표는 행복과 자유에 있다. 경제적 자유는 돈의 굴레에서 벗어나는 것이다. 그런데 경제적 자유를 얻기 위해 돈을 모으는 것에 집착하다가 오히려 돈에 얽매여 죽을 때까지 돈의 굴레에서 벗어나지 못하는 삶을 살고 있는 것은 수단이 목적을 지배한 꼴이다. 경제적 자유는 분수에 맞게 만족하는 데서 충분히 찾을 수 있다. 그런데 사람의 욕심은 끝이 없기 때문에 대부분 자신의 분수에서 멈추지 못하고 그것을 추월해버리는 것이다. 그리고 죽어서야 끝이 없는 욕망이 멈춘다.

법정스님은 '자유를 얻기 위해서는 모든 것으로부터 자유로워질 수 있어야 한다. 물질이나 정신이나 밖으로나 안으로나 자유로워져야 한다. 또 온갖 관계로부터 자유로워져야 한다. 심지어 우리가 믿는 종교로부터도 자유로워야 한다고 하였다. 또한 '어느 것 하나에도 얽매이면 자주적인 인간 구실을 할 수 없다. 무슨 일을 하지 말라는 소리가 아니다. 그 일을 하되 그 일에 얽매이지 말라는 것이다.

얽매이면 그 일의 노예가 되어 버린다. 그 일을 하되 얽매이지 않으려면 저마다 자신의 청정한 본성, 즉 지혜와 사랑에 가치의식을 두어야 한다.'라고 역설하였다.

이제 검소하게 살아야 하는 이유는 자명해진다. 모든 것으로부터 자유로운 삶을 살기 위해서이다. 특히 물질을 많이 소유할 경우 그 소유에 얽매여 그 노예가 되어 버린다. 일도 마찬가지다. 그러므로 불필요한 것을 버리고 비본질적인 것에서 벗어나 자기의 존재를 느끼고 영혼의 소리에 귀 기울여 자신의 본마음, 본성에 따라 자유롭게 살아야 한다.

법정스님은 불필요한 것을 갖지 않고 불필요한 것으로부터 자유로워지는 것을 맑은 가난, 즉 청빈이라고 하면서 청빈한 삶을 살 것을 강조하였다. 본인도 평생 무소유를 몸으로 실천하다 갔다.

검소한 삶을 살게 되는 계기는 두 가지가 있다. 하나는 주어진 가난 때문에 검소하게 사는 경우이고 다른 하나는 능동적으로 가난을 선택하여 사는 경우이다.

앞의 가난은 수동적인 가난으로 극복해야 할 경우이다. 논어에서는 '가난은 수치가 아니다. 그렇다고 가난을 명예로 생각하지 마라.'라고 가르치고 있다. 가난한 사람이 부자보다 행복한 경우는 종종 있지만 그렇다고 그 행복이 부러워 자청해서 가난해지려는 사람은 없듯이 가난은 벗어나야 할 굴레인 것이다. 반면에 후자는 많이 가질 수 있는 능력이 있으나 스스로 선택한 가난이다.

법정스님은 이를 절제된 아름다움이라고 말하였다. 선택한 가난은 많이 갖고자 하는 욕망을 스스로, 자주적으로 절제한 가난이므로 아름답다고 생각한 것이다.

가난은 자유를 박탈한다. 그리고 자존심을 상하게 한다. 따라서 적당한 부는 필요하다. 부자의 생활습관, 투자습관을 통하여 가난을 탈피하고 나아가 이웃과 부를 나눌 수 있도록 하되, 선택된 가난, 즉 검소한 생활을 습관화하고 나아가 자신의 분수를 넘는 돈은 이웃과 함께하고 일상생활에서는 무소유정신을 실천하는 삶을 살 때 우리는 모든 것으로부터 자유로운 삶을 살 수 있을 것이다.

검소한 삶을 살려면 두 가지가 필요하다.

먼저 만족할 줄 알아야 한다. 만족할 줄 모르는 삶은 끝 없는 탐욕의 레이스에서 벗어 날 수 없다. 적당한 선에서 만족할 줄 아는 지혜가 필요하다. 현대인은 적당히 만족할 줄 모르기 때문에 항상 목이 마른 것 같다. 현대인은 겉으로 잘 사는 것 같아도 정신적으로는 초라하고 궁핍하다. 명심보감에서 이에 동의하고 있다.

지족가락(知足可樂)하고 무탐즉우(務貪則憂)니라.
지족자는 빈천역락(知足者 貧賤亦樂)이요.
부지족자는 부귀역우(不知足者 富貴亦憂)니라.

현대인은 재물이나 몸에 대한 끝없는 탐욕 때문에 정신적인 것에 투자할 마음의 여유가 없다. 그래서 사회가 메말라 가고 있는 것이다. 최근 전세계적으로 비윤리적, 비도덕적인 사건사고가 많이 발생하는 것은 현대사회가 그 구성원을 재물에 대한 탐욕으로 내몰고 있는 것에 대한 부작용이라고 할 수 있다. 정신은 없고 물질만이 사회를 가득 채우고 있기 때문이다.

자신의 분수에 만족하고 그 이상은 남에게 베푸는 정신이 필요하다. 사람은 관계 속에서 존재한다. 자신만이 존재하는 것이 아니라 더불어 사는 것이다. 자신만 잘 살고 다른 사람은 못 사는 사회는 결코 행복한 사회가 아니다. 그런 사회에서는 잘 사는 사람의 행복도 오래 갈 수 없다. 만족은 또 하나의 선물을 준다. 그것은 행복이다. 행복의 비결은 만족이다. 불행은 만족하지 못하기 때문에 느끼는 감정이다. 만족하는 사람은 쉽게 행복을 느낀다.

두 번째로 검소한 삶을 살려면 필요한 것과 불필요한 것을 분별할 수 있어야 한다.

법정스님은 '필요한 것을 많이 갖는 것이 중요한 것이 아니라 불필요한 것에서 자유로워지는 것이다. 그리고 하나가 필요할 때는 하나만 가져야 한다.'고 하였다.

검소한 생활을 깨뜨리는 것은 가지려고 하지도, 받으려고 하지도 않는 삶의 규범을 세워 지키는 것도 좋은 방법이다.

법정스님은 불필요한 것으로부터 자유로워지는 방법으로 물건을 가질 때 '이것이 진정으로 내 삶에 필요한가? 이것들로 인해 진정으로 행복한가?'라고 자문할 것을 요구하였다. 또 필요한 경우 하나만 가져야 하는 이유에 대하여 법정스님은 다음과 같은 경험을 통하여 말하고 있다.

'한 번은 동경대학에 유학 중인 스님이 문구점에 가서 내가 좋아한다고 촉이 가는 만년필을 사 준 적이 있다. 나는 아주 고맙게 여기고 그걸로 글을 많이 썼다. 그런데 파리에 여행을 갔더니 그곳에 내 것과 똑같은 만년필이 잔뜩 있었다. 그래서 촉이 가는 만년필을 하나 더 사 왔다. 그랬더니 그날부터 내가 처음 가졌던 그 만년필에 대한 살뜰함과 고마움이 사라졌다.

나는 결국 나중에 산 것을 아는 스님에게 줘 버렸다. 그러자 비로소 처

음의 그 소중함이 회복되는 것이었다. 하나가 필요할 때 그 하나만을 가져야 한다.'

검소한 삶을 살기로 작정하고 실행에 옮길 경우 습관화되기 전에는 한동안 불편하다. 그렇지만 그것은 몸이 불편한 것이다. 몸은 시간이 지나면 새로운 환경에 익숙해지기 마련이다. 걱정할 것이 없다. 그대신 마음이 편안해진다. 검소한 삶은 마음의 평온을 가져다 준다. 검소한 삶을 살면 따뜻한 마음을 가질 수 있다.

현대 사회의 부정부패, 사기, 속임수, 폭력, 무관심 등은 머리를 중시하는 사회의 부작용이다. 현대인이 불행한 이유는 돈이 없어서가 아니라 따뜻한 가슴이 없기 때문이다. 만족하는 마음이 따뜻한 마음을 낳아 줄 것이다. 가슴에서 우러나오는 따뜻한 마음을 가진 사람들이 넘쳐날 때 사회는 아름다움으로 가득 찬 행복한 사회가 될 것이다.

검소한 삶을 살면 정신의 문 또는 마음의 문을 열 수 있다. 법정 스님의 말처럼 인간이 소유물에 사로잡히면 소유의 비좁은 골방에 갇힌다. 그 방을 탈출하려면 소유에 대한 탐욕에서 벗어나야 한다. 그렇지 않으면 소유의 굴레에 칭칭 얽매여 벗어날 수 없다. 자신을 얽매는 소유물이 적을수록 소유의 옆 방에 있는 정신의 문을 두드릴 여유가 생긴다. 행복은 마음에서 나온다. 정신의 문에 들어서야 자신의 존재를 마음으로 느낄 수 있다. 존재감에 대해 흩어져 있는 마음을 하나로 집중할 때 우리는 쉽게 행복을 느낄 수 있다. 따라서 행복을 수시로 느끼려면 정신의 문을 활짝 열어야 한다.

검소한 삶을 살면 텅 빈 충만감을 맛볼 수 있다.

법정스님은 '모든 집착에서 벗어나 텅 비었을 때 충만감이 생긴다. 그리고 텅 비어야 새로운 것이 들어온다'고 하였다.

'텅 빈 충만감'이란 불필요한 것을 버리고 검소한 생활에 필요한 것만 남겨져 있을 때 새로 생긴 공간으로부터 느끼는 감정이다. 비어 있지만 무언가 가득 차 있는 것 같은 느낌. 아마 그것은 소유물 대신 영혼을 기름지게 하는 것으로 채워져 있는 느낌일 것이다.

텅 비우지 않고 새로운 것을 채울 수 없다. 삶의 자리에 소유물로 가득 차 있을 때에는 자신의 존재가 차지할 공간이 없다. 불필요한 소유에 따른 집착을 버려야 새로운 마음의 평온을 채울 수 있다.

4. 무소유정신이 충만한 삶의 모습

기계나 물건을 잘 다루려면 기술이 있어야 한다. 마찬가지로 인생을 잘 다루려면 기술이 있어야 한다. 즉 삶의 기술이 필요하다.

삶의 기술은 삶 속에서 효율적으로 최선의 결과를 얻어내는 기술이다. 우리가 삶에서 얻는 최선의 결과는 무엇일까? 행복이다. 따라서 삶의 기술은 생활 속에서 효율적으로 행복을 추출해내는 기술이다. 재능은 타고 나는 것이지만 기술은 훈련만 있으면 된다.

일반 사람들이 생각하는 무소유정신이란 불필요한 것을 갖지 않는 것이다. 좀더 구체적으로 살펴보면, 무소유정신이란 '불필요한 소유로부터 얽매이지 않으면서 자기분수에 맞게 재물을 소유하고, 삶의 비본질적인 것에서 벗어나, 항상 깨어 있는 상태에서, 분별하지 말고 그대로 받아들이는 가운데 오늘 이 순간순간을 후회 없이,

주도적으로 사는 삶이다.

불필요한 것을 얻거나 비본질적인 것을 하는 데에도 우리의 귀중한 시간과 에너지를 필요로 한다. 똑 같은 24시간을 소비하면서 필요한 것만 소유하고 본질적인 것만 하는 사람과, 필요한 것, 본질적인 것뿐만 아니라 불필요한 것, 하찮고 시시한 것까지 하는 사람을 비교하였을 때 어느 삶이 효율적일까? 누가 더 좋은 삶의 기술을 가지고 사는 사람일까?

무소유정신을 제대로 실천하는 삶은 정신적으로 풍만하고 물질적으로 검소한 삶이다.

돈이 없어서 검소한 것과 돈이 있으면서 검소한 것은 다르다. 자수성가한 '진짜' 알부자는 검소한 생활을 하고 있다. 화려한 옷을 입고 고급 주택에서 맛있는 음식을 먹으면서 살지 않는다. 부자가 되기 전과 비슷한 수준의 생활을 유지하면서 살고 있다. 자신의 이웃과 비슷한 집에 사치스럽지 않은 옷을 입고 산다. 겉으로는 부자인지 아닌지를 알기 어렵다. 부모로부터 물려받은 부자나 노력보다 운이 좋아 돈을 번 부자 그리고 머리가 텅 빈 부자들은 남의 눈을 의식하는 삶을 산다. 이들은 자신의 이름이 알려지기를 원한다. 우리가 아는 부자의 삶은 대부분 이들의 삶이다.

그러나 진짜 부자는 타인의 시선을 받는 것을 싫어한다. 남의 눈에 띄지 않고 조용히 살기를 원한다. 진짜 부자가 간혹 매스컴을 타

는 때는 남몰래 한 자선행위가 불행하게도 다른 사람들의 눈에 띄게
된 경우이다. 그때서야 이웃에서 그 사람이 부자인 것을 알게 된다.

무소유를 실천할 경우 불필요한 것을 소유하지 않으므로 돈 씀씀
이가 헤프지 않고, 분수에 맞게 재물을 소유하고 그 이상의 재물은
이웃에 베풀기 때문에 검소한 삶이 될 수밖에 없다. 분수에 넘치는
옷·주택·차는 소유하지 않는다. 그러한 물건을 소유할 경우 본질
적인 것에 마음을 쓸 여유가 없게 되기 때문이다.

법정스님은 〈무소유〉에서 애지중지 키우던 난초로 인하여 외출
로부터 집을 되돌아 오게 된 해프닝을 겪으면서 무소유의 의미를 알
게 되었다고 하였다. 난초라는 재물을 소유하고 그 소유물에 대한
집착으로 인하여 자신의 삶이 그 재물에 얽매여 자유로운 삶을 방해
받고 있다는 사실을 깨닫고 무소유의 의미를 터득하게 되었다는 것
이다. 그리고 아무것도 가지지 않을 때 모든 것을 가지게 된다는 무
소유의 역설로 마무리를 하고 있다. 어떻게 보면 하찮은 난초도 그
것을 키우는 사람의 삶에 영향을 미치는데 값비싼 옷, 명품 가방, 애
완동물, 외제차, 고가주택 등은 그 사람의 삶에 어떤 영향을 줄 것인
가는 쉽게 상상할 수 있을 것이다.

예전에 딸이 애완견을 키우고 싶어하여 잠시 강아지를 한 달 정
도 키운 적이 있다. 개를 집에서 키우기 시작한 순간부터 우리 가족

의 삶에 엄청난 변화를 가져왔다. 외출도 함부로 하기 어려웠을 뿐 아니라, 낑낑거리면 몸에 무슨 병이 생긴 것은 아닌가 하는 생각에 새로운 걱정거리가 생기는 등 자식 하나를 키우는 것 못지 않은 얽매인 삶이 되어 기존의 생활리듬이 깨어지게 되었다. 새로운 생활리듬에 적응하는 것이 너무나 고통스러워서 키우는 것을 포기한 경험이 있다. 최근에는 차에 네비게이션을 장착하면서 새로운 고민거리가 생겼다. 혹시 누가 가져갈까 걱정이 되어 한적한 곳이나 10분 이상 주차할 경우 차에서 분리시켜 집으로 가져오거나 차 안에 보이지 않도록 숨겨 놓게 된 것이다. 아마도 구형이 되어 남이 탐내지 않을 정도로 낡을 때까지는 이렇게 번거로운 짓을 하게 될 것 같다. 이처럼 사소한 것을 소유하였는데도 그 소유로 인하여 자유로운 삶을 방해하는 존재가 되는 것을 보면, 수백 만원, 수천 만원 하는 재물을 소유하고 있을 경우 그로 인하여 그 소유자의 삶에 어떤 변화가 생길 것인지는 쉽게 상상하기 어렵다. 마음 가는 데로 사는 것이 쉽지 않을 것이다. 그 소유물을 위해 사는 시간이 점점 늘어날 것이다. 그러다가 마침내 우리 자신의 삶은 없어지고 소유물을 유지하고 관리하는데 필요한 삶만이 남아 있을지도 모른다.

　물건이나 대상의 소유가 삶에 긍정적 효과를 줄 수도 있다. 제일 먼저 몸이 편해질 것이다. 그리고 소유물의 효용을 즐기는 기쁨도 누릴 수 있을 것이다. 그렇지만 무소유정신을 삶의 철학으로 하는 깨어있는 사람이라면 물건이나 대상이 자유로운 삶을 방해하는 경우 과감히 버릴 것이다. 소유 당시에 소중하고 귀하다고 생각한 것들이 그것에 대한 집착을 버리게 되면 시시하고 별 도움이 되지 않는 것으로 바뀌는 경우가 많다.

법정스님은 인도의 한 수행자가 가정을 꾸리게 되고 나아가 많은 재물을 소유하게 된 과정을 이야기하면서 집착의 끝이 어디까지 이어지는가에 대하여 이야기하고 있다.

'아무것도 가진 것 없이 숲 속에서 혼자 사는 한 수행자에게 누군가가 책 한 권을 주고 간다. 수행자는 그 책을 매일 읽고 있던 어느 날, 쥐가 그 책을 갉아 먹는 것을 보고 쥐를 쫓기 위해 고양이를 한 마리 기른다. 고양이에게 먹일 먹이가 필요해지자 이번에는 젖소를 키운다. 이 짐승들을 혼자서 돌보기 어렵게 되자 여자를 한 명 고용하게 된다. 그렇게 숲 속에서 몇 해를 보내는 동안 수행자는 커다란 집, 아내, 두 아이 그리고 많은 젖소와 고양이들을 갖게 된다. 수행자는 어쩌다가 이런 신세가 되었는지 곰곰이 생각해 본다. 한 권의 책이 이토록 걷잡을 수 없는 사태를 몰고 온 것을 알아차리고 한숨을 짖는다.'

이 이야기는 한 가지 소유물에 대한 집착이 계속 새로운 집착을 부른다는 것을 보여 주고 있다. 아흔 아홉 가진 사람이 하나 가진 사람에게 백을 채워달란다는 속담이 있듯이 소유에 대한 집착은 끝이 없다.

무소유정신을 실천하는 자는 비본질적인 것에서 벗어난 삶, 즉 본질적인 것에 가치를 두는 삶을 사는 사람이다. 본질적인 삶은 복잡하지 않고 단순하다. 비본질적인 것을 버리고 본질적인 것에 집중하기 때문이다.

법정스님은 '소유의 늪에 갇혀 있을 경우 본질적인 삶을 이룰 수 없다. 세상은 복잡하므로 단순하게 살아야 제정신을 차리고 살 수 있다. 그렇지 못할 경우 의식이 분산되어 주도적인 삶을 살지 못한다'고 하였다.

그러면서 '단순한 것이 본질적인 것이다. 단순함이란 불필요한 것을 모두 덜어 내고 반드시 있어야 할 것만으로 이루어진 결정체 같은 것이다. 단순해 지기 위해서는, 가지는 것이 적고 불필요한 것은 정리되어야 한다.'라면서 단순한 삶, 간소한 삶이 본질적인 삶의 결정체라고 말하고 있다.

그리고, 단순해지기 위해서는, 가지는 것이 적고 불필요한 것은 정리되어야한다면서 명상을 통해 본질적인 것에 대한 점검을 요구하였다. 명상을 통해 '어떤 것이 내 삶에서 가장 중요한 것인가? 본질적인 것은 무엇인가? 어느 것이 하찮은 것인가? 비본질적인 것은 무엇인가?'를 생각하게 되면 하찮고 비본질적인 것으로부터 저절로 벗어나게 된다.'고 하였다.

스티븐 코비의 〈성공하는 사람들의 8번째 습관〉에 나오는 이야기를 통하여 우리는 본질적인 삶을 살기 위해 필요한 삶의 기술을 배울 수 있다.

'나는 항상 어머니와 특별한 정을 쌓아 왔다. 우리는 일생의 여러 중대한 사건들을 함께 겪으면서 돈독한 관계를 구축했다. 비록 어머니를 사랑하고 함께 지내는 시간이 즐거웠지만, 한동안 직장과 지역사회와 함께 사는 내 가족에게만 전념할 수 밖에 없었다.

나는 너무 바빠서 몇 주 있다가 방문하겠다는 짧은 전화를 하곤 했다. 간신히 시간을 내서 어머니를 찾아갔을 때도, 잠시 앉아서 얘기를 나누다 보면 어느새 일어나야 할 시간이 된다. 다른 미팅에 참가하거나 마감 시간에 맞춰야 할 일이 있었기 때문이다.

어머니와의 만남은 이처럼 대부분 무계획적으로 이루어졌다. 어머니가 더 자주 찾아와 달라는 뜻을 밝히지는 않았지만, 나는 이런 상황이 불만스러웠다. 어머니와 지속적인 시간을 함께 할 수 없다는 것은 나의 삶이 내 뜻대로 되지 않는다는 것을 의미했다.

그래서 나는 아내와 머리를 맞대고 해결책을 찾았다. 아내는 매주 가족과 어머니를 위한 시간을 가질 것을 제안했다. 나는 아내가 성가대 연습을 하러 가는 매주 수요일 저녁 시간을 어머니와 함께 보내기로 했다.

이제 어머니는 내가 정해진 요일과 정해진 시간에 방문한다는 것을 알고 있다. 앞으로는 10분만에 일어서거나 방해 받는 일도 없을 것이다. 운동이 필요한 어머니를 위해 함께 산책을 나갔다. 어머니는 나를 위해 요리를 했다. 때로는 거리가 멀어서 어머니 혼자서는 가지 못하는 쇼핑몰을 함께 돌아다니기도 했다. 어머니와 함께 보내는 저녁은 나의 바쁜 삶에서 평화로운 오아시스가 되었다.'

무소유정신을 실천하는 삶의 모습은 사치스럽지 않은 검소한 삶의 모습을 보여 줄 것이고 복잡하지 않고 본질적인 것에 집중하는 간소한 삶이 될 것이다. 그리고 어떤 행위를 할거냐 말 거냐, 어떤 것을 소유할거냐 말 거냐를 판단할 때, 먼저 '이것으로 인해 진정으로 행복할 것인가?'를 자문한 뒤 마음이 내키지 않는 것, 행복하지 않는 것, 찜찜한 것은 버린다. 그 다음에 '이것이 진정으로 내 삶에 필요한가?'를 자문한 후 있으나 마나 한 것, 없어도 되는 것, 가치가 낮은 것을 버리는 일련의 여과과정을 거치는 것이 필요하다.

진정으로 자신의 삶에 필요하고 행복을 주는 것으로 삶을 리모델링하여 본질적인 것으로만 이루어진 단순한 삶이 무소유정신을 실천하는 삶의 모습이다.

5. 100세 시대에 필요한 삶의 철학

인생의 라이프사이클은 은퇴시점을 기준으로 전반기와 후반기로 나눌 수 있다. 전반기는 태어나 교육을 받고 취직하여 생계를 위해 경제활동을 하는 기간이며, 후반기는 생계를 위한 일에서 물러나 은퇴한 다음부터 죽을 때까지의 기간이다.

100세 시대에 60세 무렵 은퇴한다고 가정할 때 인생의 전반기는 60년, 후반기는 40년 정도의 기간이 될 것이다. 그리고 우리는 과거 어느 때보다 치열한 경쟁 속에서 살고 있다. 길어진 수명, 치열한 경쟁, 물질만능시대에서 우리는 어떻게 살아야 할까?

인생의 전반기는 결혼하여 자식을 낳고 자식이 독립적으로 살아갈 수 있도록 하는 생물학적 의무와 살아 있는 동안 먹고 살 돈을 준비하는 경제적 활동, 두 축으로 이루어져 있다. 그런데 오늘날 우리는 치열한 경쟁사회에서 경제활동을 해야 하고 모든 활동에는 돈을 필요로 한다. 하물며 움직이지 않고 집에만 있어도 돈이 필요한 세상이다. 그리고 그 돈의 대부분을 인생의 전반기에 마련하여야 한다.

수명은 짧고 일하는 기간이 은퇴기간보다 길었던 과거와 달리 수명은 길어져 100세 이상 살지도 모르는데, 과거 보다 짧아진 경제활동기간 동안에 더 길어진 은퇴생활에 필요한 돈을 준비해야 하는 것이 오늘날 우리들이 처한 현실이다. 과거와 다른 새로운 삶의 자세 또는 철학이 필요한 시기이다.

과거 선조들의 가르침대로 물질을 중시하는 소유중심의 삶보다 정신 또는 마음을 중시하는 삶을 살기에는 오늘날 사회가 만만하지 않다. 삶과 돈의 균형점을 찾는 노력이 필요하다. 돈에 치중된 삶이 물질만능 시대의 산물이라면 정신에 치중된 삶은 자연과 함께한 농경시대의 삶이라고 할 수 있다.

오늘날 우리는 어느 쪽 삶이 우위에 있고 그래서 그 방향의 삶을 살아야 한다는 선택의 문제가 아니라 두 삶을 모두 껴안는 삶의 철학이 필요하다.

적당한 돈과 마음의 평화가 아우러지는 삶이 어느 한 쪽으로 치중되는 것보다 더 행복할 것이기 때문이다. 두 가지 삶을 아우를 수 있는 정신이 바로 무소유정신을 기본으로 하는 부자마인드이다.

경쟁을 통하여 생물학적 의무를 다하면서 평생 먹어야 할 돈을 벌어야 하는 인생의 전반기에는 '무소유정신을 기본으로 하는 부자마인드'로 살아갈 때 치열한 경쟁과 물질중심의 시대에서 살아남아 자유로운 삶을 향해 나아갈 수 있을 것이다.

무소유정신을 기본으로 하는 부자마인드로 사는 삶의 모습을 정의하면, 소득범위 내에서 분수에 맞는 삶을 살면서 저축하여 종자돈을 만들고 그것을 투자하여 인생의 후반기에 필요한 돈과 삶을 준비하는 과정이라고 할 수 있다.

이 정의에서 무소유정신을 실천하는 삶의 모습은 '분수에 맞는 삶'이다. 이 정신은 부자마인드와 같다. '분수에 맞는 삶'을 돈의 관점에서 본다면 소득범위 내에서 생활하는 것과 같은 의미이기 때문이다.

'소득범위 내에서 생활하라' 또는 '저축을 먼저하고 나머지를 소비하라' 등과 같은 부자마인드는, 왜 그렇게 살아야 하는지에 대한 삶의 철학이 빈곤하다. 단지 그렇게 해야 돈을 빨리, 많이 모을 수 있다는 소유에 대한 목적뿐이다. 무소유정신에 있어 '분수에 맞는 삶'은 부자가 되고자 하는 것에 목적이 있는 것이 아니라 궁극적으로 마음의 평화를 찾고, 자아중심의 성숙한 삶을 사는데 있다.

'분수에 맞게 산다'는 것은 곧 검소한 삶으로 연결이 된다. 검소한 삶은 소유에 대한 집착이나 탐욕에서 어느 정도 자유롭다. 그 결과 마음의 평온을 얻게 된다. 그리고 자연스럽게 자아에 대한 관심이 점점 늘어나는 삶의 모습을 보이게 된다. 그리고 세월이 지나 인생의 후반기인 은퇴기에 접어들면서 여유시간의 대부분을 자기 주도적인 삶, 즉 자유로운 삶에 투자하게 된다.

사람이 물질적인 삶을 살다가 인생 후반기에 갑자기 검소한 삶을 살면서 자아중심의 영적인 생활로 전환하기는 매우 어렵다. 전반기에 물질적인 삶을 산 사람은 노후에도 여전히 탐욕적인 생활을 할 가능성이 높다. 물질생활에서 형성된 습관 때문이다. 습관은 고치기가 어렵다. 고치려면 엄청난 노력을 필요로 한다. 그러므로 인생의 전반기부터 서서히 영적인 삶으로 진화하는 과정이 필요하다.

인생의 전반기는 어려서 종교에 몰입하는 일부를 제외하고는 발등에 떨어진 불, 즉 생계와 결혼, 자녀양육에 관심이 집중될 수 밖에 없다. 이러한 삶은 몸을 위한 삶이다. 몸의 안락과 편함을 위해 돈을 모으고 쓰기 때문이다. 이들에게 몸의 주인인 영혼을 위한 영적인 삶, 질적인 삶은 귀에 들어오지 않는다. 시절인연이 아직 아닌 것이다. 생계와 자녀양육에서 어느 정도 자유로워지면 이제 시절인연에 따라 사람마다 시차를 조금씩 달리하면서 영적인 삶에 접근하게 된다. 물론 죽을 때까지 몸을 위한 삶에서 벗어나지 못하는 사람도 있다. 시절인연을 만나려면 평소에 분수에 맞게 검소한 생활을 하는 토양이 인생의 전반기에 형성되어 있어야 한다.

무소유정신을 기본으로 하는 부자마인드를 삶의 철학으로 하는 전반기는 재무적 측면에서는 안분지족하는 삶을 위해 필요한 돈을 축적하는 시대이다. 무소유를 실천하는 삶을 살기로 한 이상 불필요한 지출을 하지 않고 필요한 물건만 구매하므로 빠른 시간에 종자돈을 마련할 수 있다. 그리고 분수에 맞게 생각하고 행동하므로 높은 수익을 노리고 위험한 곳에 투자하지 않으며, 합리적인 수익률을 통하여 원하는 목적자금을 얻을 수 있는 곳에 자산을 투자할 것이다. 따라서 투자에서 성공할 확률도 높다. 재물에 대한 집착이나 탐욕이 없으므로 자연적으로 삶의 많은 시간과 에너지가 자신이 하는 일과 가족에 집중될 것이다.

부자마인드만으로 산다면, 보다 많은 부를 보다 빨리 축적하기 위해 돈, 지위 등에 모든 역량을 집중하였을 것이지만 무소유정신을 삶의 기본 철학으로 하므로, 이제는 돈이 모이면 모일수록 자신의 삶의 질을 높이는데 보다 많은 시간과 에너지를 투자하게 될 것이다. 그리고 분수 이상의 돈이 모일 경우 그 돈은 자연적으로 이웃과 나누는 삶으로 진화할 것이다.

지금까지 인생의 전반기 삶을 어떻게 살아야 할 것인가에 대하여 살펴보았다. 이렇게 전반기 삶을 살았을 때 후반기 삶은 어떤 모습으로 나타날까?

인생의 후반기에 접어들면, 이제 삶의 방향은 무소유정신을 실천하는 삶으로 완전히 전환된다. 이때는 몸의 주인인 영혼을 위한 자유롭고 충만한 삶, 즉 영적인 삶을 살게 된다. 지금까지 생계를 위해 일을 하였다면 자아를 위한 새로운 일을 찾아 나서게 된다. 즉 진정으로 내가 원하고 좋아하는 그리고 자아를 실현할 수 있는 일을 찾아 움직이게 된다. 생계를 위한 일이 아니기 때문에 돈에 구애받지 않고 필요하면 언제든지 일을 바꿀 수 있다. 새로이 원하고 좋아하는 일로 말이다.

은퇴를 위해 준비한 돈은 자기분수에 맞는, 자기그릇에 맞는 수준에서 준비하였을 것이고, 검소한 생활이 습관화되었기 때문에 혹시 돈이 부족하지 않을 것인가 하는, 아직 오지도 않은 미래를 걱정하면서 살지 않을 것이다. 분수에 맞은 생활을 하기 때문에 은퇴해서도 돈을 모으려고 소유 중심의 삶으로 되돌아가지도 않을 것이다. 지금까지 모은 재산 내에서 적당한 돈을 인출하여 효율적으로 분배하는 것에 신경을 쓸 것이다. 만약 돈이 모자라더라도 무소유를 실천하는 검소한 생활이 몸에 배어 있고 안분지족하는 삶을 살고 있기 때문에 문제될 것은 없다. 늙어가면서 생로병사의 덫에 걸리더라도 분별하지 않고 오늘 현재 만족한 삶을 살기 때문에 고통이나 괴로움에서 벗어나 자유로운 삶을 살게 된다. 또한 소유에 대한 집착이나 탐욕 없이 오로지 자아를 찾고 자아를 위한 삶에 가까울 것이다. 가족, 친구들과의 관계 속에서 행복을 찾을 것이며 건강을 챙기면서 다양한 취미활동을 할 것이다. 그리고 분수이상의 재물은 물론 자신의 재능이나 시간을 이웃과 나누는 모습을 보여줄 것이다. 그리고 죽음을 준비하는 마음수행도 할 것이다.

이상에서 우리는 경쟁사회, 물질사회, 100세 시대를 살아가는 삶의 철학이 필요한 이유와 그 철학으로써 부자마인드와 무소유정신을 아우를 경우 기대되는 삶의 모습을 그려보았다.

이 시대에 필요한 삶을 한마디로 요약하면 '부자마인드와 무소유정신을 통한 자유로운 삶'이라고 할 수 있다.

'부자마인드와 무소유정신을 통한 자유로운 삶'을 좀 더 구체적으로 설명하면 다음과 같다.

부자의 투자마인드와 생활을 습관화하여 재물을 모으되, 불필요한 소유로부터 얽매이지 않으면서 자기분수에 맞게 재물을 소유하고, 삶의 비본질적인 것에서 벗어나 항상 깨어 있는 상태에서, 분별하지 말고 그대로 받아들이는 가운데, 오늘 이 순간순간을 후회 없이 주도적으로 사는 삶.

:: 자유로운 삶의 부자마인드의 효과

돈이나 지위, 명예를 위한 삶을 줄이고, 시간이나 목표에 쫓기지 않고 나 자신을 위한, 내 방식대로의 삶을 살려면 어떻게 해야 할까?

간단하다. 부자마인드를 철저히 실천하고 불필요한 것을 줄이면서 검소한 생활습관을 강화하면 된다.

사람의 일생은 부모 의존적인 삶, 소유중심의 삶 그리고 자아중심의 삶으로 나눌 수 있다.

부모의존적인 삶은 어린 시절과 학창 시절 그리고 취직하기 전까지의 삶을 말한다. 이 때의 삶은 부모에게 의존하면서 서서히 자신의 독립적인 삶으로 다가가는 시기이다. 독립적인 삶은 내용에 따라 소유나 자아중심의 삶으로 다시 나눌 수 있다. 소유중심의 삶은 생계를 위해 일을 하거나 지위, 명예를 얻기 위해 사는 삶을 말한다. 자아중심의 삶은 돈, 지위와 같은 외부 대상이나 타인을 위한 삶이 아닌 자기 자신을 위한 삶을 말한다.

최하나는 30세 때 취직하여 30년 동안 열심히 일하여 돈을 모으고 승진을 하였다. 그리고 퇴직하여 봉사활동이나 취미생활을 하면서 살다가 90세에 죽는다고 가정하자.

　최하나의 경우, 부모 의존적인 삶은 30세까지 30년이며, 소유중심의 삶은 30세부터 퇴직하는 60세까지 30년이다. 퇴직 이후 죽기까지 30년은 자아중심의 삶에 해당된다.

　최하나는 무소유정신을 실천하기 위해 우선 검소한 삶을 살기로 하였다. 그렇지만 어느 정도 검소하게 살아야 할 것인가를 결정하기 위해 몇 가지 경우의 수를 계산해 보기로 하였다. 계산을 간단하게 하기 위해 몇 가지 가정을 하였다.

　물가와 세후 투자수익률은 같다고 가정한다. 그리고 소득은 첫 직장생활을 할 때부터 은퇴할 때까지 매월 평균 400만원을 일정하게 유지한다고 가정한다. 이런 경우는 드물겠지만. 마지막으로 60세에 은퇴하여 90세에 사망한다고 가정한다. 그리고 월 평균 300만원, 200만원, 100만원을 생활비로 죽을 때까지 철저하게 검소한 삶을 살기로 할 경우 30세부터 90세까지 60년 동안의 총 생활비를 월 400만원의 소득으로 충당할 경우 걸리는 소요기간을 계산하면 다음과 같다.

A : 월생활비 300만원×12개월×60년＝21억 6천만원

　　소요기간 45년

B: 월생활비 200만원×12개월×60년＝14억 4천만원

　　소요기간 30년

C: 월생활비 100만원 × 12개월 × 60년 = 7억 2천만원

소요기간 15년

A의 경우 월 300만원으로 살 경우 연간생활비로 계산하기 위해 12개월을 곱하고 이런 생활을 60년 동안 하므로 60년을 곱하면 30세부터 죽을 때까지 필요한 돈은 21억 6천만원이 된다. 30세부터 월평균 400만원을 벌어서 21억 6천만원을 갚는다고 할 경우 그 소요기간을 계산하면 45년[= 21억 6천만원/(400만원 × 12개월)]이 걸린다. B, C도 이렇게 계산하면 각각 30년, 15년이 걸린다. 물론 소득은 물가상승률만큼 매년 늘어난다는 가정이 포함되어 있다.

이러한 계산 결과를 볼 때 검소하게 살면 살수록 돈을 벌기 위한 소유중심의 삶을 사는 기간은 짧아진다. 물가와 세후 투자수익률을 같다고 가정하였는데 부자의 투자습관을 통하여 물가보다 높은 투자수익을 얻을 경우 그 기간은 더욱더 짧아진다. 검소한 생활을 할수록 소득에서 지출을 뺀 금액, 즉 저축금액이 커질 것이고 나아가 그 돈은 물가보다 높은 수익률을 얻는 곳에 투자되기 때문이다. 복리효과까지 감안할 경우 소유중심의 삶을 사는 기간은 더욱더 단축될 것이다.

검소한 삶의 정도에 따라 자아중심의 삶을 사는 기간을 계산해 보기로 한다. 월 생활비 300만원을 쓰는 A의 경우 수명 90년에서 부

모의존 기간 30년과 평생 먹을 생활비를 버는데 걸리는 시간 45년을
빼면, 자아중심의 삶을 살 수 있는 기간은 15년이 된다. 더욱더 검소
한 삶을 사는 B, C의 경우 각각 30년, 45년으로 늘어난다.

검소하게 살수록 자아중심의 삶을 사는 기간은 길어진다는 것 알
수 있다. 부자마인드로 돈을 관리할 경우 그 기간은 더욱더 길어질
것이다. 예컨대 물가보다 투자수익률을 2% 정도 늘릴 경우 A는 약 3
년 정도 늘어나지만, B의 경우 10년이 늘어나 죽을 때 자식에게 상
속할 정도가 된다. 월 400만원을 30년 벌어 월 200만원으로 생활하
므로 죽을 때 돈이 남아있지 않지만 물가보다 2%이상을 초과하는
수익을 올릴 경우 10년 이상 생활비에 해당하는 돈을 남에게 나눠주
거나 상속할 수 있게 된다. 월 100만원으로 사는 C의 경우 31년이
늘어나 더 많은 돈을 남에게 베풀 수 있는 여유가 생긴다.

돈을 벌기 위해 원하지 않는 삶을 살거나 고통과 스트레스를 받
으면서 사는 것이 좋은 삶인지, 자아를 위해 자신이 하고 싶은 다양
한 삶을 사는 것이 좋은지 고민할 필요가 있다.

좋은 옷을 입고 잘 먹고 편안한 집에서 사는 것도 좋지만 한 번뿐
인 짧은 나의 인생을 희생하고도 얻을 정도로 소중한가? 꼭 물질에
서 행복을 찾는 것이 올바른 삶의 철학일까? 그런 삶을 살려고 한
것은 본인이 스스로 생각한 결과인가? 부모나 학교, 사회로부터 배
우고 들은 정보를 자신의 생각인 것으로 알고 그런 삶을 선택한 것

은 아닌가? 다른 삶도 있다는 것은 알고 있는가? 그런 삶을 알았더라고 지금과 같은 삶을 살았을까?

:: 자유로운 삶에 있어 부자와 빈자

우리는 재산을 모으기 위해 시간과 에너지를 투자한다. 월급 300만원인 사람은 한 달이라는 시간을 돈 300만원과 맞바꾼 셈이다. 따라서 재산은 생명을 연소하여 얻은 대체물인 것이다. 그 대체물은 눈으로 볼 수 있느냐를 기준으로 펀드, 자동차, 주택과 같은 유형의 자산과 명예, 지위, 영혼과 같은 무형의 자산으로 분류할 수 있다. 또 물질이냐 아니냐를 기준으로 물질적 자산과 정신적 자산으로도 분류할 수 있다.

삶 전체를 하나의 자산으로 보고 재무적 자산과 비재무적 자산으로 분류할 수 있다. 재무적 자산은 돈이 되어 탐욕이나 소유의 대상이 되는 자산을 말하며, 그 외 나머지 모든 삶의 자산을 비재무적 자산으로 묶어 분류한다. 지위나 명예는 돈과 관련이 있을 수도 있고 없을 수도 있다. 돈을 주고 얻었거나 돈을 목적으로 얻은 지위나 명예는 당연히 재무적 자산으로 분류되지만 영적 활동이나 사회나 인류를 위한 활동으로 인하여 얻은 지위나 명예는 비재무적 자산에 해당된다.

물질중심으로 가치를 판단하는 사회풍토 속에서 대부분의 지위나 명예는 돈과 직접 또는 간접적으로 연결되어 있다고 볼 수 있다. 재무적 자산으로 분류하는 지위나 명예는 얻고자 하는 욕구로 인하여 얻은 무형의 자산이다. 소유의 대상으로 보고 얻은 것이다. 본인이 얻고자 의도하지 않았지만 타인의 자발적 의지에 의하여 얻은 지위나 명예는 비재무적 자산으로 분류된다. 소유 대상으로부터 자유로운 삶을 추구하는 사람들은 다음과 같이 몸관련 자산과 영적 자산으로 나눌 수 있다.

> 몸관련 자산 : 몸을 편하게 하거나 몸을 위한 것으로 몸 밖에 존재하는, 소유의 대상이 될 수 있는 활동이나 유·무형의 자산
>
> 영적 자산 : 마음, 영혼, 자아 등 내면의 세계와 관련된 활동이나 유·무형의 자산

지위나 명예는 몸관련 자산에 속한다. 지위나 명예는 몸 밖으로 존재하는 소유의 대상이기 때문이다. 돈, 집과 같은 재물은 당연히 몸을 편하게 하기 위한 것이므로 몸관련 자산에 속한다.

자아를 위한 수행이나 구원을 위한 종교활동은 영적 자산에 해당한다. 그 활동들은 영혼을 한 단계 더 성숙하게 만들기 때문이다. 가족간의 관계를 위한 활동, 봉사활동, 배움의 활동 등은 모두 정신적 안정, 평온한 마음 등 내면의 세계를 풍요롭게 하기 때문에 영적 자산으로 분류하기로 한다.

자유로운 삶을 추구하는 세계에서 부자는 삶의 무게에 맞는 몸관련 자산 및 영적 자산을 가진 사람이다. 빈자는 살아온 삶의 무게에 미달하는 몸관련 자산 및 영적 자산을 가진 사람을 말한다. 여기서 말하는 삶의 무게는 살아온 세월의 크기 즉 시간을 말한다. 나이가 50세이면 그 나이에 맞는 삶의 무게만큼의 자산을 가지고 있어야 한다. 나이가 50세이면서 40세 심지어 30세인 사람보다 못한 자산을 가지고 있다는 것은 삶의 많은 시간을 헛되이 보냈다는 뜻이다. 방황하는 삶을 살았다는 것이다.

꿈이 있는 삶을 산 사람과 꿈 없이 방황한 사람이 가진 자산의 크기는 다를 수 밖에 없다. 방황한 시간이 많을수록 그 시간을 헛되어 보냈기 때문에 그 만큼의 크기에 해당하는 자산이 비게 된다. 나이에 걸맞은 삶의 무게를 100이라고 하였을 때, 꿈과 목표를 가지고 산 사람은 몸관련 자산이든 영적 자산이든 두 자산을 합하면 100이상의 자산을 가지고 있을 것이다. 반면에 방황한 사람은 90 또는 그 이하의 자산을 가지게 된다.

몸관련 자산 특히 재산을 모으는 것을 목적으로 한 사람은 영적 자산보다 몸관련 자산의 크기가 더 클 것이다. 반면에 검소한 삶에 만족하면서 자아를 깨닫기 위한 활동이나 신의 구원을 받기 위해 그 가르침을 실천하는 활동을 목적으로 하는 사람은 성숙된 자아나 영혼과 같은 영적 자산이 몸관련 자산보다 더 많을 것이다.

'어느 쪽이 더 좋은 삶이냐' 하는 것은 각자의 가치관 문제이다. 가치관도 나이를 먹거나 인생을 살면서 바뀐다. 젊었을 때는 재물을 모으는 데 삶의 초점을 두었다가 나이가 들면서 영적 삶으로 그 중심축을 옮기는 경우가 많다. 인생의 온갖 질곡을 겪으면서 반생 이상을 살다 보면 몸도 지치고 마음도 상처를 입는다. 한때 돈으로 원하는 것을 마음껏 취하거나 술, 여자, 도박에 빠지기도 할 것이다. 건전한 사람은 취미활동에 열중하거나 가족이나 친구들과의 관계를 통하여 지치고 상한 몸과 마음을 치유하려고 노력할 것이다. 그래도 해결되지 않은 경우 마지막으로 기대게 되는 것이 종교와 같은 영적인 것이다.

인생의 전반기는 대부분 생계 때문에 돈, 지위, 명예와 같은 외부 대상의 소유를 추구하지만 그곳에서 추구하는 행복을 찾지 못하는 가운데 나이가 들면서 점점 자신의 내부 세계로 관심이 돌려지는 경향이 있다. 많은 영적 스승들은 한결 같이 행복은 외부에서 찾지 말고 마음 안에서 찾으라고 한 것은 이를 증명하는 것이다.

　자유로운 삶을 사는 사람에게 있어 그가 부자인지 아닌지는 돈의 크기로 측정하지 않는다. 영적 자산을 포함한 전체 삶의 무게로 측정한다. 비울수록 많이 채울 수 있다는 말은 몸 관련 자산을 버릴수록, 즉 소유에 대한 집착을 버릴수록 비어진 공간을 영적 자산으로 더욱더 많이 채울 수 있다는 뜻으로도 해석할 수 있다.

　돈 많은 부자만 부자가 아닌 것이다. 선택한 가난, 맑은 가난도 마음이 부자인 사람이다. 모두 다 부자이다. 어떤 부자가 될 것인가는 우리 마음에 달려 있다.

돈 중심에서 자아중심으로 살려면?

1. 자아중심의 삶, 설계 프로세스

'나'를 표현하는 용어로는 여러 가지가 있다. 그 의미가 약간씩 다르지만 일상생활에서는 혼재되어 쓰이고 있다.

예컨대 나, 참나, 참마음, 자아, 진아, 본성, 영성, 불성, 영혼 등이다. 종교나 철학에서는 실체(實體)로서 자아가 있느냐 없느냐에 대해서 끊임없는 논쟁이 이루어지고 있다. 정신작용의 주체로서 자아도 그때그때 생각, 감정, 의지에 관계없이 지속성과 동일성을 가지는 것인지, 반성을 통하여 달라질 수 있는 것인지에 대한 논쟁도 있다.

이 책에서는 학문적, 종교적 관점에서 용어가 가지고 있는 의미를 고려할 때 문제가 있을 수도 있으나 필자의 생각을 피력하기 위해 소유중심 또는 자아중심이라는 용어를 나름대로 정의하고 그 용어를 사용하기로 한다.

우리의 삶은 크게 2가지 영역으로 구분할 수 있다. 외부 대상을 소유하기 위한 삶과 그 이외의 삶으로 나누는 것이다. 전자를 소유중심의 삶이라 하고 후자를 자아중심의 삶이라고 하기로 한다.

소유중심의 삶은 나의 몸과 몸을 벗어나 외부에 존재하고 또 그것이 유한하여 경쟁을 통하여 소유할 수 있는 것(이를 대상 또는 외부 대상이라고 하기로 한다)을 얻기 위한 삶으로 정의한다. 예컨대 재물, 지위, 명예 등을 얻기 위한 삶이 이에 해당된다.

자아중심의 삶은 소유중심의 삶을 제외한 모든 것을 자아중심의 삶이라고 정의하기로 한다. 대표적인 것으로 마음의 평화를 얻기 위한 종교활동, 명상과 같은 마음수행, 봉사활동, 등산과 같은 취미활동, 가족활동 등을 들 수 있다.

똑같은 활동이지만 경쟁을 통해 어떤 것을 소유하기 위한 활동은 소유중심의 삶에 포함시키고 그렇지 않은 활동은 자아중심의 삶으로 하기로 한다. 예를 들어 돈을 벌기 위한 일은 소유중심의 삶이지만 생계를 떠나 자아실현을 위해 하는 일은 자아중심의 삶에 포함된다.

심리학자 마슬로우(Abraham Maslow)의 인간욕구 5단계를 소유중심의 삶과 자아중심의 삶으로 나누어 보기로 한다. 마슬로우에 의하면 인간의 욕구는 다음과 같이 5단계의 계층으로 이루어져 있으며 하위욕구를 충족하여야 상위욕구로 이동한다고 하였다.

1단계 생리적 욕구 (의식주의 해결)

2단계 안전욕구 (신체적 위험으로부터 안전)

3단계 사회적 욕구 (사회 참여, 소속감, 애정)

4단계 자존감의 욕구 (타인으로부터 인정 또는 존경)

5단계 자아실현의 욕구 (자아발견 및 자아실현)

이상의 5가지 욕구를 분석해보면 생리적 욕구는 주로 먹고, 입고, 자는 것에 대한 소유나 집착이요, 안전욕구는 몸에 대한 집착이며 사회적 욕구와 자존감의 욕구는 타인과의 관계에 대한 집착이다. 따라서 1단계부터 4단계까지의 삶은 소유중심의 삶에 해당되고, 5단계 자아실현의 욕구를 위한 삶은 자아중심의 삶에 해당한다.

마슬로우는 외부 대상과 몸에 대한 욕구를 모두 충족하여야 자아실현을 위한 삶으로 이동할 수 있는 것으로 보고 있다. 따라서 일을 하는 목적이 생리적 욕구나 자존감의 욕구를 위한 것이라면 소유중심의 삶에 해당된다. 그렇지 않고 자아를 실현하기 위해 하는 일이라면 그 삶은 자아중심의 삶에 해당된다.

바람직한 자아중심의 삶의 모습은 자신이 누구인지, 무엇을 위해 살고 있는지, 어떻게 살아야 하는지 등 자신의 삶의 본질에 대하여 끊임없이 질문하고 답을 구하고, 그에 따라 내가 삶의 주인공이 되어 내 식대로 살아가는 모습이다. 즉 본질적인 자아를 찾아가는 삶, 그리고 그 자아에 충실한 삶이다.

소유중심의 삶에서 자아중심으로 삶의 축을 옮기려고 '한 생각' 한 경우 어떻게 해야 할까? 우리는 다음의 6단계의 프로세스를 통하여 삶의 패턴을 바꾸어 볼 수 있다.

:: 1단계, 현재 자기 삶의 현상을 파악한다.

현재 자신이 무슨 생각으로 무엇을 하며 어떻게 살고 있는지 삶 전체를 반추(反芻)하는 단계이다.

꿈은 있는가? 있다면 무엇인가? 돈보다 자유로운 삶에 더 높은 가치를 둘 수 있는가? 돈에 대한 욕심을 내려 놓을 수 있는가? 몸의 안락에서 벗어나 검소하게 살 수 있는가? 몸이 불편하더라도 마음의 평화를 찾는 것에 우선 가치를 둘 수 있는가? 현재 생활비는 얼마인가? 소비습관은 어떤가? 과소비는 아닌가? 꼭 필요한 것만 구입하는가? 항상 남과 비교하면서 사는가? 남을 의식하며 행동하는가? 항상 일등을 향해 노력하는가? 현재 하고 있는 일이나 삶에 만족하는가? 만족하지 않다면 어떻게 할 것인지 생각한 것은 있는가?

자신의 삶에 대하여 많은 생각과 질문을 하고 그 질문에 스스로 답하면서 지금까지의 삶을 성찰한다. 성찰의 결과 현재와 같은 물질중심의 삶보다 검소하게 살면서 자아를 위한 삶을 살기로 '한 생각'을 하였다면 다음 단계로 넘어간다. 그렇지 않은 경우 다음을 기약하도록 한다.

:: 2단계, 자신의 분수를 파악한다.

자신의 그릇 크기를 측정하는 단계이다.

<2. 분수에 맞는 삶>에서 설명하는 계산방식으로 자신의 분수를 계산한다. 자신의 분수가 월 200만원 인지 월 300만원인지 계산하여 정한다. 그리고 그 분수대로 사는 것이 가능한지를 자문하고 답을 구한다.

월 200만원으로 몸이 불편하더라도 기꺼이 견딜 수 있을까? 내가 원하는 삶인가? 그 삶을 만족해하며 살 수 있을까?

이에 대한 답이 부정적이라면 아직 자아중심의 삶을 수용할 각오나 자세가 되어 있지 않는 상태이다. 마음으로는 자아중심의 삶을 원하나 아직 몸이 그것을 따르지 못하고 있는 경우이다.

법정스님의 말처럼 소유물에 사로잡혀 살면 소유의 비좁은 골방에 갇혀 영혼 또는 정신 문을 열 수 없기 때문에 자아중심의 삶은 분수에 맞는 검소한 생활이 전제조건이다. 그래서 2단계에서 분수의 크기를 계산하고 그에 맞는 생활을 할 각오가 되어 있는가를 묻는 것이다.

몸과 마음이 같이 갈 때 소유중심의 삶이 자리잡을 수 있다. 몸은 따라가지 못하는데 마음만 앞서 갈 경우 분수에 맞는 삶은 오래 가지 못한다. 당분간 소유중심의 삶에 충실하면서 조금씩 몸을 만드는 훈련이 필요하다. 몸이 뚱뚱한 사람이 체중을 줄이기로 '한 생각' 하였다면 매일 조금씩 다이어트하여야 한다. 갑자기 몸무게를 줄이면 요요 현상이라는 부작용이 발생하기 때문이다. 마찬가지로 삶의 패턴을 바꾸려는 경우에도 생활 전반에 대한 점진적인 다이어트가 이루어져야 한다. 갑작스런 생활의 변화는 몸도 마음도 불편하게 만든다. 천천히 생활의 군살을 빼는 작업을 하여야 한다.

:: 3단계, 분수에 맞는 생활이 몸에 배도록 한다.

3단계는 2단계에서 계산한 생활비로 몸이 견딜 수 있고 그 생활에 만족할 수 있도록 하는 단계이다. 분수에 맞게 사는 것이 일상생활이 될 수 있도록 몸을 적응시키는 과정이라고 할 수 있다. 분수에 맞는 생활에 만족할 수 있을 것 같다는 생각이 일시적인 것일 수도 있기 때문에 그 적응과정이 필요하다.

분수에 맞는 삶이 몸에 배기 전에는 조금만 방심하면 원래의 삶으로 되돌아 갈 수 있다. 그러므로 이를 방지하는 도구가 필요하다. 그것이 바로 생활수칙이다. 자아중심의 삶에 충실할 수 있도록 하기 위해 삶의 목적 또는 꿈, 가치관, 돈의 지출, 하루 일과, 인간관계, 여가, 취미 등 전반적인 삶을 통제하는 규칙을 말한다. 종교에서 말하는 엄격히 지켜야 할 계율과 같은 것을 만드는 것이다. 분수에 맞는 생활을 하면서 자아를 위한 삶이 될 수 있도록 생활수칙을 만들면 된다. 다음에 설명하는 〈3. 생활규범〉을 참조하여 작성하면 된다.

1년 이상 분수에 맞는 생활을 하여도 삶의 만족도가 나빠지지 않는다면 4단계로 진행한다. 기존의 일상에서 벗어나 새로이 삶을 시작하려면, 기존의 대상에 대한 소유와 관계를 정리 정돈하여야 한다. 기존 소유와 관계에 대한 반성과 정돈이 따르지 않으면 그 소유와 관계의 곁가지들에 얽히고설켜 본질적 삶을 살기 어렵다. 묵은 것을 청산하는 작업이 필요하다.

:: 4단계, 안분지족에 맞는 인생설계를 한다.

3단계에서 분수에 맞는 생활이 습관화 되어 죽을 때까지 검소한 생활을 하기로 '한 생각' 한 경우 그에 맞는 인생설계를 하는 단계이다. 현재의 분수에 맞는 생활비는 현재 소득이 은퇴할 때까지 계속 지속된다는 가정과 생활비 이외의 목적자금, 예를 들어 자녀교육자금을 현재 알고 있다는 가정하에 그리고 최소한 물가를 반영할 정도의 자산수익은 창출한다는 계획이 내포되어 있어야 한다. 그러므로 그때그때마다 현실에 맞게 인생설계를 수정, 보완하는 작업도 필요하다.

인생설계는 재무적인 요소 외에 비재무적 요소, 즉 자아관련 요소를 반영하여 설계하여야 한다. 자아실현을 위한 꿈과 그 꿈을 달성하기 위한 일, 운동, 여가활동, 봉사활동 등 필요한 내용을 담은 인생설계가 만들어져야 한다. 특히 자아중심의 삶을 살기 위해서는 자아를 찾는 수행이 필요하다. 즉 내가 누구인가에 대한 끊임없는 수행이 필요하다. 이러한 수행활동에 대한 시간도 인생설계에 반영하여야 한다. 인생설계에는 구체적인 일정계획까지 포함되어야 한다. 일정계획이 없는 인생설계는 실천을 담보하기 어렵다. 어느 시점에 무엇을 하고 언제까지 완료한다는 일정표를 작성한다.

∷ 5단계, 자아중심의 삶을 실천한다.

4단계의 인생설계를 중심으로 자아를 찾기 위한 수행과 자아 중심의 삶을 실천을 하는 단계이다. 절실하게 자아중심의 삶을 살기로 하였다면 4단계의 인생설계대로 실천하는 것에는 문제가 없을 것이다. 4단계에서 만든 인생설계를 실천하기 위한 구체적인 일정계획을 세워 실천한다. 연간계획을 토대로 월간계획, 주간계획을 세워 매일매일 실천을 할 수 있도록 한다. 그렇지 않으면 어제 같은 오늘, 오늘 같은 내일이 되기 쉽다. 철저한 계획이 뒷받침되어야 행동으로 옮겨질 가능성이 높다. 그렇지 않을 경우 이전의 삶으로 되돌아 가기 쉽다. 필요에 따라 뜻을 같이 하는 사람, 불가에서 말하는 소위 도반(道伴)을 찾아 서로 의지하는 것도 좋은 방법이다.

:: 6단계, 업데이트(updating) 및 피드백(feedback)을 한다.

자아중심의 삶을 살아가는 과정에서 발견된 문제점, 경제환경의 변동, 가족 사항 변동, 가치관의 변화 등이 있는 경우 그 내용을 반영하고 피드백을 하는 단계이다. 4단계에서 세운 인생설계는 탁상계획이다. 실제 실천하는 과정에서 많은 어려움과 장애를 만나게 된다. 비현실적인 내용도 있을 것이다. 이러한 장애와 비현실적인 것을 수시로 반영하여야 보다 현실적인 자아중심의 삶을 살 수 있게 된다.

2. 분수에 맞는 삶

　　법정스님은 〈일기일회〉에서 말하기를 사람은 자신이 죽기 전에 인생의 대차대조표를 만들 경우 재물은 다 헛것이며 이웃과의 나눔, 알게 모르게 쌓은 음덕만이 잔고로 남는다고 하였다. 각종 재물, 명예는 한 때 입은 옷으로 비유하였다. 또한 적당한 재물, 즉 자기 분수에 맞는, 넘치지도 모자라지도 않는 정도만 소유하고 나머지 넘치는 것은 이웃에게 나누는 삶을 권하고 있다.

　　〈너 자신을 경영하라〉에서 새뮤얼 마일즈도 '사람은 누구나 분수에 맞는 생활을 하도록 노력해야 한다. 그것은 성실한 생활태도를 지녔다는 것을 증명하는 것이기도 하다. 분수에 맞는 생활에 만족하지 못하는 사람은 반드시 남의 힘에 의지하게 되고 부정으로 손을 더럽히게 된다. 그리고 남에게 끼치는 폐는 돌아다보지 않고 자기만족만 추구한다.'라고 이야기하고 있다.

한의학 박사인 정창환은 〈한의학 생활혁명〉에서 분수에 대하여 다음과 같이 적고 있다.

'분수를 알라는 말은 결코 가난한 것에 만족하며 살라는 뜻이 아니다. 오히려 분수를 알고 따르면 잘 살 수 있다는 뜻이다. 분수에 따르라는 것은 분수를 따르면 자신의 능력 이상의 욕심이 없으며 자연의 도리에 부합하고, 욕심이 있으면 자연의 도리에 어긋난다. 자연의 법칙에 따르면서 욕심을 떨쳐버리면 오히려 세상을 남김없이 포괄하며 만물을 샘솟게 한다. 오히려 돈을 벌 수 있도록 만들어 준다. 무리하게 빚을 내거나 확률적으로 가능성이 낮은 일에 투자하면 실패하기 쉽다. 열심히 일을 해서 조금씩 돈을 모으다 보면 분수에 맞게 돈 되는 길이 저절로 보인다. 그렇게 분수를 지켜나가다 보면, 단 최선을 다해 열심히 하다 보면 저절로 부자가 된다.'

이처럼 많은 현자들이 각자 분수에 맞는 삶을 살 것을 권하고 있다. 그런데 분수란 무엇인가? 일상생활에서 분수라는 단어를 많이 쓰고 있으나 그 뜻을 정확히 모르고 사용하는 경우가 종종 있다. 그래서 먼저 사전적 정의와 일상생활에서 사용하는 의미를 살펴보고 분수의 의미를 알아보기로 한다.

국어사전에서는 분수를 '자기 신분에 맞는 한도'라고 정의하고 있다. 신분이라는 말도 국어사전에서 찾아보면 '개인의 사회적 위치나 계급'으로 되어 있다. 따라서 분수의 사전적 의미는 '자신의 사회적 위치나 계급에 맞는 한도'라고 할 수 있다..

일상생활에서 분수라는 단어를 사용하는 문장을 찾아보면,

'분수에 맞게 돈을 쓰라.', '분수에 맞게 사업을 하라.', 분수를 알고 처신해라.', '분수도 모르고 그 자리를 탐내다니.', '분수에 맞는 취미생활을 해야 한다.', '돈은 자기분수에 맞게 가지고 있을 때 행복하다.', '분수에 맞는 배우자를 골라야 한다.', '사람은 자기 분수를 알아야 한다.' 등이 있다.

여기서 사용된 분수는 '자신이 가지고 있는 능력, 즉 소득, 재능, 지위, 신분에 맞는 한도' 내에서 돈을 지출하고, 사업을 벌이고, 승진을 바라고 권력을 탐하라는 의미로 사용되고 있다.

사전적 정의와 일상생활에서의 의미를 고려하여 여기서 분수란 '자신의 능력에 해당하는 한도'라고 정의하기로 한다. 여기서 능력은 돈 버는 능력을 나타내는 소득, 사회적 지위나 명예, 기타 여러 가지 재능이다.

분수에 맞는 행동이란 어떤 행위를 하고자 할 때 그 행위에 걸 맞

는 능력을 가지고 있는지 헤아린 다음 행동하여야 한다는 뜻이다. 만약 그 능력 범위를 넘는 경우, 즉 분수에 넘치는 욕심을 부리면 자신은 물론 다른 사람에게도 피해를 준다는 것이다.

예컨대 사업을 하기 위해 1억원이 필요한데, 자신의 능력으로 조달할 수 있는 돈은 5천 만원 밖에 되지 않고 더군다나 사업 경험도 부족함에도 불구하고 욕심을 내어 친인척, 친구들로부터 5천 만원을 빌려 사업을 할 경우, 빨리 성공해야 한다는 조급함과 사업이 예상외로 잘 되지 않을 경우 초조감과 불안감, 빌린 돈에 대한 이자부담 등이 악재로 작용할 가능성이 높다. 이러한 심리적 요인 때문에 무리하게 돈을 끌어들여 사업을 할 경우 사업이 잘 되지 않을 위험이, 분수에 맞게 사업을 하는 경우 보다 더 크다고 할 수 있다. 더욱이 사업이 실패하는 경우 자신 뿐만 아니라 돈을 빌려준 사람에게도 피해를 끼친다. 자신의 분수를 알고 5천 만원 범위 내에서 자기 분수에 맞는 규모로 사업을 시작하였다면 조급함, 초조감, 불안감, 이자부담감 등 심적 부담 없이 평온한 마음으로 사업을 하게 되어 오히려 성공할 가능성이 더 높을 지도 모른다.

그런데 우리가 분수에 맞게 살려고 해도 자신이나 남의 분수를 정확히 알기 어렵다는데 그 문제가 있다. 어떤 행위를 할 당시에는 그 행위가 그 사람의 분수에 맞는 것인지를 잘 판단하지 못한다. 대부분 일정 시간이 지난 다음에야 그 행위가 자신의 분수에 맞지 않았다는 것을 알게 된다, 이처럼 사후적 평가가 이루어 진다는 점에서 분수에 맞게 행동하는 것에 한계가 있다. 또 현재 분수에 맞지 않는 행위였으나 수년이 지난 후에 분수에 맞을 수도 있고, 반대로 과거에는 분수에 맞았으나 현재는 분수에 맞지 않는 행위일 수도 있다. 이처럼 분수는 시간에 따라 움직이는 가변적 성질을 가지고 있다는 사실에서 또 문제가 있다. 분수에 맞는 삶을 살라는 현자의 말을 실천하려고 하여도 이러한 문제들 때문에 제대로 실천하기 어렵다. 분수의 범위가 다양하므로 여기서는 범위를 축소하여 경제적 행위에 한하여 분수를 정의하기로 한다.

재정적 능력상 사업자금으로 쓸 수 있는 금액이 3억원 또는 5억원이거나 생활비가 월 300만원 또는 500만원이라고 수치화 또는 계량화 할 수 있다면 그 금액이 바로 분수이다. 다른 말로 자신의 그릇의 크기이다.

월 300만원 또는 500만원이라는 분수 범위 내에서의 생활이 만족하고 행복하다면 불필요한 것에 욕심을 내지 않는 삶이 될 것이고, 많은 것을 소유하지 않을 것이므로 소유에 얽매이지 않는 삶이 될 것이다. 그리고 분수 이상의 돈은 이웃에 베풀 수 있게 된다. 무소유 정신을 제대로 실천할 수 있는 토양이 조성될 것이다.

사람의 욕심은 끝이 없기 때문에 자신의 분수에 맞는 객관적인 금액을 수치화 할 수 있다 하더라도 재물에 대한 탐욕을 막을 수 없을지도 모른다. 그렇지만 분수에 맞는 삶을 살겠다는 사람, 돈은 분수에 맞게 적당히 모으고 나머지 삶은 자아실현을 위한 일, 행복한 가족관계, 여가활동, 기타 자기자신의 본질적인 것에 바치고자 하는 '한 생각' 깨어 있는 사람에게는 분수의 계량화는 상당히 의미가 있는 작업일 것이다.

자신의 분수를 수치화, 계량화할 수 있다면 그 금액을 한도로 그 이상의 소유에 대한 탐욕에서 벗어나 정신적 부를 쌓는 활동에 더 많은 시간을 할애할 수 있을 것이다. 재물에 대한 탐욕에서 벗어났기 때문에 마음의 평온을 찾을 수 있게 된다. 마음이 평온하기 때문에 평범한 일상 생활에서도 삶의 재미를 찾을 수 있는 여유를 가질 수 있게 되어, 그냥 무관심하게 지나쳤던 자연이나 사소한 일상에 대하여 아름다움과 즐거움을 느낄 수 있는 눈과 영혼을 가지게 될 것이다. 나아가 어떻게 사는 것이 제대로 된 삶일까에 대한 깨달음에 한걸음 더 다가갈 수 있을 것이다.

:: 분수계량화모델

분수를 화폐금액으로 계량화 또는 수치화하기 위해 경제적 관점에서 내린 분수에 대한 새로운 정의와 세 가지 가정에 근거하여 이를 수치화하기로 한다. 이를 '분수계량화모델'이라 부르기로 한다.

먼저 경제적 관점에서 분수는 '현재 자신의 소득창출능력에 해당하는 한도'라고 정의하기로 한다. 분수를 '현재' 자신의 소득창출능력에 해당하는 한도라고 정의한 이유는 분수가 시간적으로 가변적이기 때문이다. 분수는 어떤 행위를 하고자 하는 '현재' 시점의 능력이므로 그 크기는 과거나 미래의 소득창출능력이 아닌 현재의 능력의 크기로 측정하여야 한다.

예를 들어 현재 소득이 월 300만원인 사람의 경우, 과거 월 소득이 250만원이었거나 내년에 330만원으로 급여가 인상될 것으로 예상된다고 할지라도 현재 시점에서 그의 분수에 맞는 생활은 월 300만원 이내에서 하는 것이 합리적이다. 물론 과거 250만원 이내에서 생활하던 것이 습관화되어, 소득이 늘었지만 과거 생활비를 그대로 유지하는 것에 만족한다면 보다 청빈한 생활이 될 것이므로 문제가 없다. 오히려 매월 300만원을 생활비로 사는 경우보다 소유에 대한 탐욕에서 쉽게 벗어나 보다 빨리 마음의 평온을 얻을 수 있게 될 것이다.

임대료, 이자, 배당 등 자산소득과 사업소득 그리고 임금소득을 모두 포함하여 소득을 계산한다. 임대료나 이자와 같은 자산소득을 소득에 포함시키는 이유는 그 소유자의 과거 소득창출능력의 결과가 현재 보유하고 있는 자산이기 때문이다. 과거 10년 동안 번 소득으로 2억원의 자산을 모은 사람과 똑같이 10년 동안 벌었지만 1억원의 자산밖에 축적하지 못한 사람을 비교할 때, 전자가 후자보다 소득창출능력이 뛰어나다고 할 수 있다. 즉 전자의 분수(그릇의 크기)가 후자보다 더 크다. 그 차이를 분수의 계량화에 반영하는 것이 합리적이다. 따라서 현재 보유하고 있는 자산을 통하여 벌어들이는 소득도 현재의 소득창출능력에 포함시켜 계산하기로 한다. 그렇지만 복권 당첨금이나 증여 같은 일시적, 우발적 소득은 제외한다. 자신의 능력으로 얻은, 예측가능하고 반복적 지속적인 소득만 포함한다. 운도 능력이라고 할 수 있지만 인생은 운에 맡기기에는 너무나 소중하기 때문에 일시적, 우발적 소득은 제외하기로 한다.

분수계량화모델에 필요한 3가지 가정은 다음과 같다.

❶ 지출은 소득 범위 내에서 한다. 월 300만원을 버는 경우 최대한 300만원을 지출한다는 가정이다. 그런데 자신이 번 소득으로 죽을 때까지 살아야 하므로 경제활동기에 번 소득을 그 기간 동안에 전부 지출할 경우 소득활동이 어려운 은퇴 이후 노년기에는 지출할 돈이 없게 된다. 그러므로 미래의 지출까지 고려하여 현재의 지출규모를 결정하여야 한다. 가정에서 말하는 지출은 현재부터 죽을 때까지 필요한 생활비는 물론 자녀 교육자금과 같은 특정목적에 소비할

지출을 합한 금액이다.

❷ 현재 소득은 경제활동을 그만둘 때까지 동일하게 유지되며 또한 매년 물가상승률만큼 늘어난다. 예컨대 현재 월급이 300만원인 경우 60세까지 일하고 그 이후 은퇴하는 경우 60세까지 매월 300만원의 소득이 발생하며 그 소득은 매년 물가상승률만큼 늘어난다고 가정한다. 10년 동안 평균 물가상승률이 3%였다고 한다면 현재 300만원의 소득은 10년 후 403만원이 된다고 가정하는 것이다.

❸ 현재능력은 과거능력과 잠재능력을 합한 것이다. 과거부터 현재까지의 소득을 창출한 기존의 능력을 과거능력이라고 하고, 이에 미래에 소득을 창출할 것으로 기대되는 능력, 즉 잠재능력을 합한 것을 현재능력으로 본다는 가정이다. 이러한 가정은 현재능력은 과거능력과 미래능력을 합하여 평가하는 것이 합리적이라고 판단한 데에 있다.

경제적 관점에서의 분수의 정의와 3가지 가정을 근거로 한 '분수 계량화모델'을 토대로 분수를 계량화하는 과정을 살펴보기로 한다. '현재 소득창출능력'은 3가지 가정에 의거 다음과 같은 공식으로 계산할 수 있다.

현재 소득창출능력(가용자산) = 순자산+미래소득

순자산은 자산에서 부채를 뺀 금액, 미래소득은 지금부터 앞으로 경제활동기가 끝날 때까지, 즉 은퇴할 때까지 벌어들일 소득금액을 말한다.

순자산은 과거부터 현재까지의 소득창출능력을 표상(表象)하는 것으로 볼 수 있다. 물론 순자산은 현재까지 번 소득의 누계는 아니다. 투자를 잘한 사람은 누계소득보다 더 많은 순자산을 가지고 있을 수도 있고, 투자를 잘 못한 사람은 누계소득보다 적은 금액을 가지고 있을 것이다. 또한 사람에 따라 소비성향이 다르므로 소득대비 지출을 많이 한 사람은 그렇지 않은 사람보다 순자산이 적을 것이다. 그렇지만 투자능력 및 저축능력도 소득창출능력의 하나로 볼 수 있다. 따라서 현재의 순자산을 과거 능력을 간주하여도 무리는 없을 것이다.

'현재 소득창출능력'은 미래 지출에 사용될 자산이므로 이를 '가용(可用)자산'이라고 칭하기로 한다. 즉 분수를 경제적 관점에서 정의한 것이 '현재 소득창출능력'이고 이를 수치화한 금액을 '가용자산'이라고 칭하기로 한다.

가용자산을 계산한 후 다음으로 해야 할 단계는 그 분수에 맞는 생활수준, 즉 월 생활비를 구하는 것이다. 분수계량화모델의 첫 번째 가정인 '지출은 수입범위 내에서 한다'를 적용하여 구하면 된다. 이 가정은 경제활동기에 번 돈으로 죽을 때까지 필요한 모든 지출, 즉 생활비나 자녀 교육비 등에 충당한다는 의미이므로 이를 식으로 나타내면 다음과 같다.

분수에 맞는 월 생활비 = (가용자산 − 목적자금) / 현재부터 사망까지 기간

홍길동부장의 사례를 통하여 분수와 분수에 맞는 생활비를 구해보기로 한다.

현재 중소기업의 자금담당 부장인 홍길동은 현재 나이 40세로 월 소득은 400만원, 자산 3억원, 부채 1억원을 가지고 있다. 예상되는 수명은 가족력과 현재 건강상태를 감안할 때 90세까지 살 것으로 추정된다. 그리고 현 직장을 그만 두더라고 다른 일자리를 찾아 60세까지는 일을 계속할 수 있다. 앞으로 지출해야 할 가장 큰 항목은 아들 교육 및 결혼 비용으로 1억원 정도 발생할 것으로 예상된다. 홍부장의 자산관리 능력은 뛰어나지 않아 자산투자에서 얻는 수익률은 물가상승률 수준이라고 가정한다.

홍부장의 현재 월 소득은 400만원이고 60세까지 소득활동을 할 예정이므로 60세까지 20년 동안 미래소득을 계산하면 9억 6,000만

원이 된다. 순자산은 총자산 3억원에서 부채 1억원을 빼면 2억원이 된다. 따라서 홍부장의 분수, 즉 가용자산을 계산하면 11억 6,000만원이다.

홍부장의 분수에 맞는 월 생활비는, 가용자산으로 월 생활비와 자녀 교육 및 결혼자금을 모두 충당한다는 전제하에서 계산하면 된다. 홍부장은 미래소득 9억 6,000만원, 순자산 2억원을 합한 가용자산으로 50년 동안 생활하여야 한다. 그런데 중간에 자녀교육 및 결혼 비용으로 1억원을 지출해야 하므로 가용재산에서 1억원을 뺀 10억 6,000만원으로 50년 동안 생활하면 된다. 이를 계산하면 월 생활비는 176만원이 된다. 따라서 홍부장의 경우 분수에 맞는 월 생활비는 176만원이다.

분수에 맞는 월 생활비 = (11억 6,000만−1억)/(50년×12개월)

홍부장이 은퇴하는 60세 시점에 홍부장은 어느 정도의 은퇴자금이 있으면 분수에 맞는 은퇴생활을 할 수 있을까?

홍부장의 분수에 맞는 월 생활비는 176만원이므로 은퇴 후 죽을 때까지의 생활비를 구하면 된다. 매월 176만원으로 30년 은퇴기간 동안 지출하므로 6억 3,360만원이 필요한 은퇴자금이 된다.

홍부장이 50세 되는 시점에 월 소득이 600만원이 되는 경우 분수에 해당하는 가용자산과 분수에 맞는 월 생활비는 어떻게 바뀔까? 이때 순자산은 5억원이고 자녀는 이미 대학을 졸업을 한 상태로 앞으로 결혼 자금 5,000만원만 준비하면 된다고 가정하기로 한다.

미래소득은 7억 2,000만원(=600만×12개월×10년), 순자산은 5억원이므로 홍부장의 분수는 12억 2,000만원이 된다 따라서 분수에 맞는 월 생활비는 243만원이 된다.

분수에 맞는 월 생활비 = (12억 2,000 만-5,000만)/(40년×12개월)

분수에 맞는 생활비가 40대 때의 176만원 대비 67만원 더 많은 243만원이 되어 50세부터 좀더 나은 삶을 살 수 있게 되었다. 이는 월급이 올라 소득창출능력인 커졌기 때문이다. 따라서 243만원으로 생활하는 것은 결코 분수에 넘치는 생활이 아니다.

반대로 50세 되는 시점에 지금까지 다닌 직장을 명예퇴직하고 월급이 300만원인 회사로 옮긴 경우 홍부장의 가용자산과 분수에 맞는 월 생활비는 어떻게 될까? 이때 홍부장이 가지고 있는 순자산은 4억원이고 앞으로 자녀 결혼 자금 5,000만원의 목돈 지출만 남아 있다고 가정하고 계산하기로 한다.

미래소득은 3억 6,000만원(=300만×12개월×10년), 순자산은 4억원이므로 홍부장의 가용자산은 7억 6,000만원이 된다. 홍부장의 분수에 맞는 월 생활비를 계산하면 147만원이 된다.

분수에 맞는 월 생활비 = (7억 6,000만−5,000만)/(40년×12개월)

소득창출능력이 낮아 졌기 때문에 월 생활비는 40대 때의 176만원 보다 29만원 적은147만원으로 50세부터 생활하여야 한다. 과거처럼 월 생활비 176만원으로 생활하면 이는 분수에 넘치는 생활이 된다.

마지막으로 홍부장이 60세에 은퇴를 한 경우 홍부장의 분수와 분수에 맞는 월 생활비를 구해보자. 은퇴시점에 순자산이 5억원이고 자녀는 결혼하여 분가하고 부부 둘만 생활하고 있다고 가정한다. 미래소득은 없으므로 분수, 즉 가용자산은 5억원이 된다. 90세까지 산다고 할 경우 홍부장의 은퇴 후 분수에 맞는 월 생활비는 138만원이 된다.

분수에 맞는 월 생활비 = 5억 / (30년×12개월)

3. 생활규범

집착이나 욕심에서 벗어나 자아중심의 삶을 살기 위해서는 삶의
규범이 필요하다. 종교에서 말하는 계율이 필요하다. 인간인 이상
편한 것을 찾기 마련이다. 그리고 좀처럼 만족할 줄 모른다. 그래서
욕심·집착·탐욕·두려움·화·무지로부터 평온한 마음, 청빈한
마음, 분수에 만족하는 마음을 지키기 위해서는 일정한 생활규범이
필요하다. 생활규범은 평온한 마음을 지키는 지킴이인 것이다.

생활규범은 지킬 수 있는 것으로 하되, 그것을 지켜야 하는 이유
나 근거, 타당성과 함께 글로 명기하여야 한다. 그렇지 않고 그때그
때 상황에 따라 판단할 경우 일관성이 없을 가능성이 높다. 대부분
규범을 어기는 원인 제공자는 자기 자신이다. 따라서 자기 자신이
수긍할 수 있는 이유나 근거를 마련하지 않으면 생활규범은 흐지부

지해질 위험이 높다. 예를 들어 술을 먹을 줄 알지만 그 해악 때문에 술을 먹지 않는다는 규범을 정하였다고 가정하자.

친구들이나 후배들이 술을 권할 때는 그 규범을 이야기하며 쉽게 거절할 수 있으나 선배나 상사 그리고 어른들이 권할 때는 이를 거절하기 어렵다. 합리적인 이유를 말하지 않고 거절하는 경우 쉽게 먹혀 들지 않기 때문이다. 그러나 합리적 근거를 기초로 만든 생활규범을 가지고 있는 경우 그 이유를 쉽게 말할 수 있고 또 합리적이기 때문에 술 먹는 분위기를 깨지 않고 상대방과 술자리를 즐겁게 계속 이어갈 수 있을 것이다.

한번 정한 생활규범 중 하나를 어기기 시작하면 계속 어기게 된다. 그리고 다른 규범들에도 영향을 미쳐 규범 전체가 흐지부지 되어 규범으로서의 역할을 상실하기가 쉽다. 그러므로 어떤 것을 생활규범으로 정할 경우 그것을 지켜야 하는 이유가 자신이 먼저 수긍할 수 있어야 하고, 그 다음에 남들에게 이야기 하였을 때 설득력이 있어야 한다. 그래야 생활규범으로써 정착될 가능성이 높다.

먼저 지키고 싶은 생활규범들을 나열하고 그 나름대로 이유를 명기한다. 그리고 실천한다. 실생활에서 지키기 어려운 규범이 발생하면 생활규범에서 제외한다. 규범을 지켜야 할 이유가 부실한 경우 수정, 보완함으로써, 그 규범을 지켜야 한다는 결심에서 한 점의 흔들림이 없도록 한다. 이러한 과정을 거치는 가운데 어떤 상황하에서도 지켜질 수 있는 생활규범이 마침내 탄생될 것이다.

참고로 고려시대 야운스님의 생활규범을 소개한다. 스님은 부처의 가르침을 받고도 괴로움을 벗어나지 못하는 것은 유혹과 감정을 억제하지 못하기 때문이라고 보고 이를 극복하는 방법으로 10가지 규범을 정했다.

1 좋은 옷과 맛있는 음식은 절대 수용하지 말 것.

2 내 것은 아끼지 말고 남의 것은 탐내지 말 것.

3 말을 적게 하고 행동은 가볍게 하지 말 것.

4 좋은 벗을 두고 사악한 친구를 사귀지 말 것.

5 3경(三更) 외에는 잠을 자지 말 것.

6 자기를 높이지 말고, 타인을 업신여기지 말 것.

7 재물과 여자를 보면 항상 바른 생각[正念]으로 대할 것.

8 속세의 사람들과 사귀어 대중으로부터 지탄을 받지 말 것.

9 다른 사람의 과실을 얘기하지 말 것.

10 대중과 함께 있으며 항상 마음을 평등하게 할 것.

그리고 각 규범마다 그 규범을 정한 이유를 명시하고 있는데 여기에서는 두 번째 규범인 〈내 것을 아끼지 말고 남의 것을 탐내지 말 것〉에 대해 다음과 같이 적고 있다.

삼악도의 고통을 가져오는 데는 탐욕이 으뜸이요,

여섯 가지 바라밀다는 보시가 제일이다.

아끼고 탐내는 것은 선한 길을 막고,

자비로 보시함은 나쁜 길을 방비한다.

가난한 사람이 와서 빌거든 아무리 구차하더라도 인색하지 않는다.

올 때도 빈손으로 왔고 갈 때도 빈손으로 가는 것이 아니냐.

내 재물도 아끼는 마음이 없는데 어찌 남의 것에 마음을 두겠느냐.

아무 것도 가져가지 못하고 평생에 지은 업만

이 몸을 따를 것이다.

사흘 닦은 마음은 천 년의 보배요,

백 년 탐낸 물건은 하루아침 티끌이다.

어찌하여 괴로운 삼악도가 생겼는가.

오랜 세월 익혀온 애욕 탓이다.

부처님의 가사와 바리 이대로도 살 만한데

무엇 하러 쌓고 모아 무명을 기르나.

이처럼 생활규범 하나하나마다 지켜야 하는 이유를 명기하면 된
다. 참고로 불교에서 비구나 보살들이 지켜야 할 계율인 8계를 소개

하면 다음과 같다.

첫째, 산 목숨을 죽이지 않는다.

둘째, 주지 않는 물건은 가지지 않는다..

셋째, 잘못된 성행위를 하지 않는다.

넷째, 거짓말을 하지 않는다.

다섯째, 술이나 마약처럼 중독성이 있는 것을 먹지 않는다.

여섯째, 정오가 지난 후 음식을 먹지 않는다.

일곱째, 노래하고 춤추며 악기를 연주하거나 보고 듣지 않으며 꽃으로 장식하거나 향수와 화장품을 몸에 바르고 꾸미지 않는다.

여덟째, 높고 화려한 의자나 침구를 사용하지 않는다.

우리들 중 이처럼 삶의 가치관, 인생관에 맞는 생활규범을 가지고 살아가는 사람은 드물 것이다. 모든 조직에는 그 조직의 규범이나 규칙이 있다. 그러나 그 구성원은 자신의 규범을 가지고 있지 않는 것이 우리네 삶의 현실이다. 이 기회에 자신의 생활규범을 정하여 그것을 삶의 지표로 삼는다면, 자신의 정체성을 잃고 사는 현대인에서 벗어나 자신이 원하는 충만한 삶을 향해 정진할 수 있을 것이다.

4. 삶의 고통, 괴로움, 슬픔을 이기는 지혜

살면서 겪는 고통, 괴로움, 슬픔의 원인은 무엇일까?
법정스님은 그 원인을 집착에서 찾고 있다.

'모든 괴로움과 갈등의 원인은 자신에 대한 집착에 있다. 육신에 집착하고, 자식에 집착하고, 물질에 집착하고, 옷에 집착하고, 집에 집착하고, 집착하는 것이 있기 때문에 괴로움이 온다. 집착이 없으면 괴로움이 오지 않는다.'

S라인 몸을 만들거나 얼굴 성형을 하는 것도 몸에 대한 집착이다. 이러한 집착 때문에 괴로워하거나 부작용으로 고통을 받고 있는 사람을 자주 본다. 건강한 몸인데도 불구하고 완벽한 식스팩을 만들

기 위해 매일 힘들게 배 운동하는 것도 몸에 대한 집착이다. 주택 대출이자 때문에 받는 고통도 집 또는 재물에 대한 집착에 그 원인이 있다. 이러한 집착들로부터 벗어나려면 어떻게 하는 것이 좋을까?

먼저 모든 것은 무상(無常)하다는 것을 기억하는 것이다. 모든 현상은 일시적이다. 곧 사라진다. 오래가지 않는다. 현재의 고통, 괴로움, 슬픔은 오래 가지 않는다는 사실을 인식하는 것이 중요하다. 고통 속에 빠져 있을 때는 이 고통이 한없이 계속될 것 같은 절망감 속에 빠지는 경우가 많다. 그러나 세월이 지나고 나면 그 고통은 일시적이었고 잠시였다는 것을 알게 된다. 이것은 필자의 직장생활 경험에 비추어 볼 때 진리이다.

과거 필자가 직장생활을 하던 1980년대, 매일 저녁 10시 넘어 퇴근하고 토요일은 물론 일요일에도 출근하는 시절이 있었다. 대학졸업하고 막 취직한 풋내기 직장인으로서 처음으로 돈도 벌고 하여, 마음껏 친구들과 놀고 돈도 쓰고 싶은 열망이 강하였으나 그 당시 회사가 일주일 내내 특근하는 분위기였기 때문에 그 욕망을 꾹꾹 눌러 놓을 수밖에 없었다. 조금만 참으면 되겠지 하는 심정으로 견뎠다. 한 달, 두 달, 그리고 일 년, 이년이 지나도 특근 분위기에서 벗어나지 못하였다. 그 동안 입사 동기들은 하나, 둘 사표를 쓰기 시작하였다. 그래서 필자도 근무조건이 좋은 회사로 가기 위해 사표를 내었지만 선배, 상사들의 간곡한 만류 때문에 다시 다니는 소동도

벌였다. 그런데 마침내 1987년 당시 민주정의당 대표 노태우의 6.29 선언을 즈음하여 민주화 분위기가 조성되면서 회사 특근도 줄기 시작하면서 월급도 대폭 인상되는 등 근무여건도 급격히 좋아지기 시작하였다. 그때 사표를 쓰지 않고 견딘 것은 잘한 일 중 하나였다. 그렇지만 그 당시 근무여건은 지금도 기억하고 싶지 않은 최악이었다. 그런데 50대 초반인 지금 생각하면 그 기간은 너무나 짧은 찰나인 것 같다. 그렇지만 그 당시에는 이 직장에 다니는 한 10년, 20년 계속 특근할 것만 같았다. 그래서 '이 회사 계속 다녀야 하나? 이렇게 살려고 대학 졸업했나?'하는 생각이 매일 뇌리를 떠나지 않아 스트레스가 심하였다.

그때 '모든 것은 무상하다. 오래 가지 않는다. 변한다.'는 진리를 누군가가 알려 주었다면 고민을 덜 했을 것이고 스트레스도 크지 않았을 것이다. 그리고 입사동기들도 그렇게 많이 퇴직하지 않았을 것이다. 누구나 과거 한두 번씩은 불행했던, 그래서 기억하기조차 하기 싫은 슬프거나 고통스런 사건에 대한 기억을 가지고 있을 것이다. 세월이 흘러 언젠가 그것을 회상해 보면 그때 그 고통스런 기억이 어느새 빛 바랜 추억이 되어, 이제는 사진첩에서 사진을 꺼내듯 담담하게 이야기할 수 있게 된 자신을 발견하고 깜짝 놀라는 사람들도 있을 것이다. 그때 그 고통 또는 괴로움이 오늘의 자신을 있게 해 준 원동력이 되었다고 술회하는 사람도 있을지도 모른다.

법정스님은 모든 삶은 무상하다는 것을 인식하고 살 것을 다음과 같이 요구하고 있다.

'모든 것은 무상하다. 변화가 우리를 지배한다. 현상은 일어났다가 사라지고 다시 일어났다가 사라진다. 무상이란 항상 하지 않다는 뜻이다. 불행한 일은 고정된 것이 아니다. 이것은 변화한다. 이것도 곧 사라진다라고 자각한다면 이미 큰 지혜에 이른 것이다. 현상의 무상함은 진리이다. 사랑도 고정되어 있지 않다. 미움도, 불행도, 행복도 오래가지 않는다. 이것이 마음의 무상함의 진리이다.
모든 것은 변화한다, 고정되어 있지 않다는 사실만 마음 깊이 받아 들이면 된다. 무상함의 진리에 대한 자각은 자유를 가져다 준다. 어떤 것도 영원하지 않다는 것을 알기 때문에 어떤 짐도, 고통도 가지고 있을 이유가 없다.'

고통을 이기는 두 번째 지혜는 분별하지 않고 그대로 받아들이는 것이다. 어떤 대상에 대하여 너/나, 좋다/나쁘다, 행복하다/불행하다, 즐겁다/슬프다 등과 같이 분별을 하지 말고 그것에서 한발 짝 물러 서서 객관적으로, 제3자의 눈으로 자신의 고통이나 괴로움을 지켜보는 것이다. '고통이나 괴로움은 인간의 육신을 안고 태어난 이상 피할 수 없는 자연스런 현상이다'라고 생각하면서 지켜보는 자세가 필요하다.

예를 들어 가난한 현실에 대하여 '돈이 없다. 그래서 나는 불행하다.'라는 생각은 내 생각이고 내 판단이다. 내가 그렇게 생각하지 않고 분별하지 않으면 돈이 없다는 것이 불행으로 진화하지 않는다. 내 스스로 '돈이 없다는 현상'을 나쁘다, 불행하다라고 분별할 필요가 없다. 분별하기 시작할 때 비로소 불만이 싹트고 나아가 점점 고통이 시작된다. 따라서 그냥 돈이 없는 현실을 그냥 지켜보면서 매일매일 최선을 다해 살아가는 삶의 철학이 필요하다.

법정스님도 분별하지 않은 삶을 요구하고 있다.

'현상을 피하려고 하지 말고 맑은 정신으로 지켜보라. 행복은 행복이고 불행은 불행일 뿐이다. 좋다 나쁘다라고 판단하지 마라. 그냥 지켜보라. 좋다, 나쁘다고 판단할 때 고통과 불만족이 시작된다. 따라서 고통에 얽매이지 말고 다만 지켜보는 연습을 하라.'

고통을 이기는 마지막 지혜로는 자신에 대한 집착에서 벗어나 이웃과 타인을 배려하는 마음을 가지고 실천하는 것이다. 즉 나눔을 실천하는 것이다.

고통의 원인인 집착은 자신에 대한 집착에서 시작된다. 사람은 자기를 중심으로 모든 것을 생각하고 판단하고 행동하는 자기중심성을 가지고 있다. 집착은 바로 이러한 자기중심성에서 출발하고 있다. 따라서 집착에서 벗어나려면 자기중심성에서 벗어나야 한다.

법정스님은 '자기중심성은 자기밖에 모르는 이기주의와 같다. 동시에 반사회적인 행동의 원인이 된다. 자기밖에 모르면 타인을 배려할 줄 모른다. 자기중심성에서 벗어났다는 것은 부분적인 자기로부터 전체적인 자기로 이동했다는 뜻이다. 자신에게 엄격하고 타인에게는 너그럽다는 의미이다.'라고 말하였다.

자기중심성에서 벗어나는 방법은 타인을 배려하고 나누는 것이다. 자신만을 생각하는 사람은 마음이 닫힌 사람이다. 이 닫힌 마음을 여는 방법은 무엇일까? 마음이 닫혀 있는 사람은 이웃에게 친절이나 사랑을 나누어 줄 수 없다. 마음이 열린 사람만이 할 수 있다. 따라서 마음을 열고 싶으면 이웃에게 베풀면 된다. 베풀 때 마음이 열리고 열린 마음에서 행복이 싹트는 것이다.

법정스님은 남을 배려하는 마음을 덕이요, 자비심이라고 하면서 타인과의 교감을 통해서, 정을 나눔으로써 마음이 열린다고 하였다. 그리고 마음을 열고 고통을 그대로 받아들일 때 마음의 평화를 잃지 않게 되고, 행복은 마음의 평화를 통해 싹이 튼다고 말하고 있다.

고통스럽거나 괴로운 일이 생겼을 때 우리들의 심리상태의 흐름을 쫓아보면 다음과 같다.

고통스럽고 괴롭고 슬픈 일 발생 ⇨ 나쁜 일이다(좋고 나쁨으로 분별) ⇨ 나는 불행하다 현재의 불행한 상황이 끝 없이 계속 될 것 같다.⇨ 절망, 좌절

그러나 자유로운 삶을 사는 지혜로운 사람이라면 다음과 같이 생각하면서 그 고통을 이겨낸다.

고통스럽고 괴롭고 슬픈 일 발생 ⇨ 좋고 나쁨으로 분별하지 않는다. ⇨ 그냥(제3자의 눈으로)지켜본다 ⇨ 이 상황은 일시적이다. 곧 지나간다.

고통, 괴로움, 슬픔도 삶의 일부분이다. 스쳐가는 삶의 일부이다. 고통에 얽매이지 않고 홀가분한 마음으로 그 상황을 받아들이면서 살아간다. 자기중심성에서 벗어나 타인과 나눔을 실천할 때 자신의 마음이 열려 집착에서 벗어날 수 있고 나아가 고통을 있는 그대로 받아들일 때 마음의 평화를 얻게 되고 마침내 행복해 질 수 있다.

나는 누구인가?

1. 자아를 찾는 길

인간은 만물의 영장이다. 이 세상에서 가장 영리한 동물이다. 그
렇지만 가장 어리석은 동물이다. 왜냐하면 인간은 정작 자기 자신에
대해 잘 모르기 때문이다. 우리 스스로에게 물어보자.

왜 살고 있는가? 무엇을 위해 살고 있는가?

어디서 왔는가? 죽을 때 어디로 가는가?

위 질문에 대해 자신 있게 대답할 수 있는 사람은 별로 없을 것이
다. 대부분 잘 모르겠다고 답할 것이다. 동물들은 자기가 무엇을 해
야 하고 무엇을 해서는 안 된다는 것을 잘 알고 있다. 모든 동물은
자기 할 일을 잘 알고 있다. 인간만이 이 세상에서 올바른 삶과 바른

길을 모른다. 과학이 발달하고 각종 정보와 지식이 넘치지만 정작 자신에 대해서 제대로 알지 못한 채 죽는다.

인간은 또한 만족을 모른다. 배가 아무리 불러도 또 다른 욕심을 채우기 위해 남을 이용하고 곤경에 빠뜨린다. 주위 사람은 물론 자연환경도 자신의 욕심을 채우기 위해 망가뜨린다. 각종 범죄, 기상이변, 환경오염, 식량부족 등 모두 인간의 욕심이 만들어낸 것들이다. 더욱이 자본주의 경쟁사회에서 모든 가치는 돈에 집중되어 있다. 이념이나 믿음이 지배하는 세상이 아니다. 끝없는 경쟁에서 이기는 것에 모든 삶의 에너지를 쏟아 부으면서 점점 인간의 본성이 사라지고 있다.

재물이나 지위, 집착과 탐욕과 그로 인한 끝없는 경쟁은 인간에게 끝없는 고통을 가져다 줄 뿐이다. 집착과 탐욕은 고통의 원인이다. 죽으면 썩어 없어질 몸을 위해 자신의 소중한 생명(시간과 에너지)를 소진하고 있다. 죽으면 가져가지도 못할 재물에 자신의 소중한 생명을 낭비하고 있는 것이다. 재물, 지위, 명예 등은 모두 몸 밖에 있는 것들이다. 자신의 생명을 몸과 몸 밖에 있는 것들을 위해 허비하는 것은 잘못된 삶이다.

몸 안에 있는 몸의 주인인 '나'를 위해서도 많은 시간과 에너지를 투자하여야 한다. 한쪽에 치우치는 삶은 불협화음이 생기고 나아가 고통으로 발전한다. 그러므로 몸과 마음이 조화를 이루도록 유한한 우리들의 생명을 사용하여야 한다. 행복은 조화 속에서 싹튼다.

우리는 몸과 마음으로 구성되어 있다. 몸은 스스로 움직일 수 없다. 내 안에 있는 그 어떤 것이 몸을 지배하고 그의 명령대로 움직인다. 우리는 그것을 마음 혹은 영혼이라고 부른다. 또는 정신, 에고, 자아, 의식이라고도 한다.

인간이 죽으면 영혼을 위해 빌어준다. 영혼, 곧 마음이다. 따라서 몸은 '나'가 아니다. 몸은 '나의 것'이다. 그러나 우리들은 몸을 '나'라고 생각한다. 그래서 몸에 충실한 삶을 살아가고 있다. 우리는 몸이 원하는 것, 몸을 편하게 하는 것, 몸을 가꾸는 것에 많은 시간과 돈을 소비한다.

우리의 하루 일상을 보면, 몸에 편리한 것을 사거나 이용하기 위해, 몸을 장식—옷, 액세서리, 화장, 성형, 다이어트 등—하기 위해 시간을 소비하면서 또 그것에 필요한 돈을 조달하기 위해 일을 하고 시간을 쓴다. 그리고 몸을 위해 잠을 잔다. 온통 몸에 충실한 삶이다. 우리는 몸이 불편하거나 고통스러우면 불행하다고 생각하고, 몸이 편하면 행복하다고 생각한다. 이러한 삶은 동물의 삶과 크게 다르지 않다. 동물도 자신이 먹고 자고 종족을 번식시키는 것에 모든 시간과 에너지를 사용하고 있다.

죽은 다음의 세상, 즉 내생(來生)까지 이어가는 것은 영혼이다. 몸은 한 번 사용하면 썩어 없어진다. 물론 영혼이 있느냐 없느냐, 내생이 있느냐 없느냐에 대하여 치열하게 고민하고 불안해하는 것 보다 영혼과 내생이 있다 생각하고 사는 것이 차라리 속 편하다. 예수나 석가모니와 같은 성인들이 있다고 하는데, 보통 사람인 우리가 그분들의 주장을 부정하고 반박한다고 하여 얻을 수 있는 실익은 거의 없다. 따라서 믿자. 굳게 믿자. 영혼이 있다는 것을 말이다.

자본주의 경쟁사회에서 살아가는 우리들은 자신에게 발생하지 않을 수도 있는 미래의 위험에 대비하기 위해―이는 몸을 위한 대비이다―자신의 소득에서 많은 부분을 떼어내 보험료를 내듯이, 내생의 행복을 위해―내생이 없을지도 모르지만―살아 생전에 별도로 준비하는 것이 현명하다. 보험료는 우리의 시간과 에너지를 투자하여 맞바꾸어 번 돈의 일부다. 이처럼 우리는 보험료를 마련하기 위해 많은 시간과 에너지를 투자하고 있다. 그런데 보험료보다 더 중요하다고 할 수 있는, 몸의 주인인 '나', 즉 마음과 내생의 행복을 위해―이는 영혼을 위한 대비이다―더 많은 시간과 에너지를 투자하여야 하는데 실상 우리는 그렇게 하지 못하고 있다. 행복한 내생을 위한 것이란 현재의 마음을 선한 마음, 베푸는 마음, 순수한 마음, 아름다운 마음으로 바꾸도록 공들이는 것, 즉 마음수행을 말한다.

나에게는 사고나 위험이 발생하지 않을 거라고 생각하고 보험을 가입하지 않는 사람이나 내생이나 영혼이 없을 거라고 생각하고 몸에 충실하기 위해 소유와 탐욕에 빠져 사는 사람은 같은 뇌 구조를 가진 사람이라고 할 수 있다.

사람은 죽어도 다시 태어나 생이 반복된다는 불교의 윤회사상을 믿는다면, 믿기로 했다면 우리의 몸은 옷이나 렌터카와 같다. 우리는 언젠가 때가 되면 다른 새 옷이나 다른 렌터카로 바꿔야 한다. 그러나 옷의 주인이나 렌터카의 운전기사는 변하지 않는다. 그런데 우리들은 옷이나 렌터카 그 자체에만 집착한다. '손상되지는 않을까? 잃어버리지 않을까? 좀 더 럭셔리하게 꾸밀 수 없을까?'하고 말이다. 이처럼 우리는 옷이나 렌터카에만 신경을 쓰고 정작 옷 주인이나 운전기사인 '나'(마음 또는 영혼)에 대해서는 소홀하다. 옷이나 렌터카처럼 몸은 생로병사를 가지고 있지만 옷 주인이나 운전기사인 '마음'은 생로병사가 따로 없다. 유한한 몸보다 영원한 참 '자아'인 마음을 찾는 수행에 많은 관심을 쏟고 시간을 투자하여야 한다. 생로병사에서 자유로운, 윤회에서 자유로운 '자아'를 찾는 길이 바로 불교에서 말하는 깨달음을 향한 수행이다. 여기서 깨달음이란 어떤 의식상태나 경지에 도달하는 것이 아니다. '나'자신에 관한 것이다.

:: '나'란 누구인가?

'나'는 누구인가? 생각하고 행동하는 주체로서 나는 누구인가?

우리가 일반적으로 생각하는 나는, 태어나서 지금까지의 습득하여 뇌 속에 저장한 '자기에 대한 각종 정보와 경험에 대한 기억의 집합체'이다. 기억 속에 없는 것은 나가 아닌 것이다. 이름, 몸, 어린 시절, 학교생활, 직장, 일, 성격, 인간관계 등 과거 자기에 대한 기억을 끄집어 내어 그것을 나라고 생각하고 남에게도 그렇게 이야기 한다. 취업할 때 회사에 제출하는 자기소개서를 살펴보면 대부분 이러한 과거 정보로 가득 채워져 있다.

자기에 대한 정보나 기억이 변하면 나도 변한다. 예를 들어 지금 모기업체에 대리로 근무하고 있고 사교적이며 술과 영화를 좋아하는 총각이 '나'라고 하자. 그런데 갑자기 연말 명예퇴직을 당하여 실직자가 되어 세상을 비관하여 집에만 처박혀 있게 된다면, 그때부터 나는 실직자이고 비관적인 성격의 소유자인 총각이 나가 된다. 그러다가 우여곡절 끝에 취업을 하고 몇 년 후 과장으로 승진하고 사랑하는 사람을 만나 결혼을 한다면 그때의 나는 과장인 기혼자가 된다. 이처럼 우리가 생각하는 나는 일정하지 않으며 계속 변하는 존재로 인식되고 있다. 변하지 않는 나는 존재하지 않는 것일까? 있는데 못 찾는 것은 아닐까?

우리가 생각하는 '나'란 과거의 생각과 느낌(감각) 영역 속의 존재이다. 사람의 생각, 의식은 언어와 개념이 있어야 그것을 통해 무언가를 포착하고 인지한다. 그 무언가를 언어로 표현할 수 없는 경우 그것을 인식하거나 생각할 수 없다. 간혹 우리는 말로 표현할 수 없는 무언가를 느끼는 경우가 있다. 이 경우 그 무언가에 대한 언어나 개념이 없기 때문에 말로 표현하지 못하는 것이다.

우리가 생각하지 않거나 느낌이 없을 때의 나, 예를 들면 밤에 꿈도 꾸지 않고 죽은 듯이 잠자고 있는 나는 그 순간 나가 존재하지 않는 것이다. 생각하거나 느낄 수 없기 때문에 나를 언어로 포착할 수 없는 것이다.

그러면 그 나는 누구인가? 분명히 나이다. 숨을 쉬게 하고 피를 돌게 하는 그 무언가가 존재하고 있다. 갓 태어난 갓난아기는 생각도 말도 못하고 느끼지도 못한다. 이 경우 나는 존재하지 않는 것일까? 몸을 움직이는 주체인 '자아', 마음이 존재하고 있다. 그런데 언어로 포착되지 않는다고 나가 아니라고 할 수는 없다.

우리의 자아는 '언어 안의 나'와 '언어로 표현할 수 없는 나'로 구성되어 있다. 우리가 일반적으로 생각하는 나란 '언어로 포착할 수 있는 나를 나로 생각하고 있는 것이다. '생각하는 나'도 언어로 포착된 나이다. 그 생각을 하게 하는 무언가가 존재한다. 그 나가 '언어로 표현할 수 없는 나'인 것이다.

우리가 일반적으로 알고 있는 나는, 내가 만든 과거 생각(기억)상자 속에 갇힌 존재와 같다. 본래 나는 무한한 가능성을 가진 존재로 태어났는데 어머니로부터 태어나 배우고 익히고 느끼고 관계 짓는 경험적 기억영역 안에서 사회가 만든 언어의 한계 속에서 생각하고 느끼는 나가 전부인 것으로 착각하면서 살아 가고 있을 뿐이다. 그 언어의 한계를 깨고 밖의 세계로 나아갈 때 비로소 본성, 진아, 참 자아, 불교에서 말하는 불성을 만날 수 있다.

:: 드라마 모래시계 속 박태수(배역 최민수)와 최민수

'인생은 한바탕 꿈이다, 즐겁게 소풍 잘하고 하늘 나라로 간다, 인생은 연극과 같다.'라는 말들은 우리가 인생을 어떻게 바라보아야 할 것인가를 생각하게 한다. 우리는 〈나의 인생〉이라는 '나'가 주인 공인 드라마를 찍고 있다. 하지만 우리는 너무나 이 드라마에 몰입 하다 보니 '나'가 누구인지를 잃어버리고 드라마 주인공이 자기인 줄 알고 살아가고 있다.

드라마 모래시계에서 박태수가 나인가 최민수가 나인가? 전정한 자아, 나는 실제로 살아 있는 실재 최민수이다. 그런데 모래시계 속

박태수를 나로 알고 살아가는 것이 우리들이다. 드라마 속 박태수는 최민수가 아니다. 대부분 박태수를 나라고 생각한다. 드라마를 찍기 전에도 존재하고 끝나고도 존재하는 최민수가 나이다. 최민수인 '나'는 또 〈사랑이 뭐길래〉에서 이대발로서 새로운 드라마를 찍었다. 이대발은 진정한 '나' 최민수가 아니다.

몸을 가지고 태어나는 한 우리는 최민수와 같은 삶을 살 수밖에 없다. '피할 수 없다면 즐겨라'는 말이 있듯이, 현재 찍고 있는 드라마에서 주인공으로서의 역할에 충실한다. 그러면서 출연하는 동안 실제로 살아가는 '나', 최민수를 찾는 작업도 병행하는 것이 드라마 주인공만을 나라고 생각하고 사는 삶보다 나을 것이다.

이렇게 살기로 하였다면 '나'는 드라마 속 주인공으로서 나와 드라마 밖의 실재의 나로 구성되어 있다고 생각하고 드라마와 같은 현재의 삶에 순간순간 최선을 다해 살면서, 진정한 나, 자아를 찾는 마음수행을 병행하는 삶이 필요하다. 그리고 드라마 속에서의 삶의 내용은 내가 마음먹은 대로 바꿀 수 있다. 마음수행을 통하여 진정한 나, 자아에 가깝도록 말이다. 그렇지만 현재의 살고 있는 나가 진정한 나로 알면서 사는 경우, 진정한 나가 따로 있다는 것을 알고 있지만 그것을 찾으려고 노력하지 않는 경우 모두다 부모를 비롯한 남이 써준 시나리오대로 살 수 밖에 없다.

:: 진정한 나, 자아를 찾는 길

'참 나'를 찾는 과정은 양파 속 가장 깊은 곳에 무엇이 있는지, 어떻게 생겼는지를 알기 위해 껍질을 계속 벗기는 것과 같다. 숭산스님은 〈선의 나침반〉에서 '참 나'를 과일 안의 씨로 비유하고 있다.

'인간의 본성은 과일 안의 씨와 같다. 우리 본래의 씨인 본성을 찾아야 한다. 당신은 누구인가라는 질문에 의사, 변호사, 아내, 딸 이라고 하는 것은 우리 바깥 모습이다. 내면으로 눈을 돌려 참 삶을 살아야 한다.'

껍질을 모두 벗겼을 때 마지막으로 남는 것, 그것을 진정한 자아, '진아'라고 할 때 그것을 찾기까지는 ─ 그러한 과정을 깨달음을 위한 마음수행이라고 한다 ─ 수십 년 또는 그 이상 걸린다. 대부분 죽을 때까지 거기에 도달하지 못하고 죽는다. 불교나 크리스트교 등 종교에 귀의하여 수십 년 수행을 하고도 깨닫지 못하고 죽는 사람이 많다. 진정한 자아를 찾는 길은 끝없는 고행의 길인 것이다.

보통 사람인 우리들에게 이러한 길을 걸어서 '진아'를 찾을 것을 요구하는 것은 무리다. 일상생활을 하면서 자아를 찾는 수행을 병행하는 것이 좋다. 그 수행은 간단하다. 다음과 같은 과정을 밟으면서 근원적인 질문을 끊임 없이 하면 된다. 그렇게 얻은 답은 현재의 삶 속에 스며들도록 하면서 남이 써준 대본대로 사는 삶이 아닌 내가 원하는, '자아'에 가까운 삶을 살도록 하여야 한다.

먼저 자아를 찾는 시간을 의도적으로 만드는 것이다. 재물, 지위와 같은 외부 대상에 투자하는 시간을 일부 줄여서 내면으로 눈을 돌려 '자아'를 찾는데 투자하여야 한다. 하루 10분부터 시작한다. 매일 10분 동안 '지금 나의 삶이 인간다운 삶인가?'에 대한 끊임없는 질문을 통하여 현재의 삶의 방향에 대한 고민을 한다.

현재보다 더 인간다운 삶을 살아야겠다고 결심하였다면, 그 다음 '자아'를 찾는 시간을 점점 늘린다. 20분. 30분. 그리고 '나는 지금 무엇을 위해 살고 있는가? 지금 나답게 살고 있는가?'라는 질문을 통하여 자신의 삶의 과정을 되돌아보고 현재의 삶을 진단한다. 한발 더 나아가 '나는 누구인가? 내가 원하는 삶은 무엇인가?'에 대한 근원적인 질문을 통하여 삶의 의미와 가치 그리고 꿈(목적)을 정한다. 끊임없이 질문하고 또 질문하여야 한다. 질문하고 답하고 또 질문하고 답하는 과정 속에서 점점 '자아'에 접근하게 된다.

법정스님은 이러한 근원적인 질문에 대한 답은 그 질문 속에 있다고 하였다.

이때 반드시 그 내용을 종이 위에 문자로 남겨야 한다. 종이에 적는 이유는 생각을 잊어 버리지 않기 위한 것뿐만 아니라 비슷한 생각이 계속 꼬리를 물고 맴도는 경우를 차단하기 위한 것도 있다. 비슷한 생각의 굴레에서 벗어나기 위해서다. 매일 질문하고 답하는 가운데 내용이 조금씩 바뀔 것이다. 바뀐 내용은 수정을 한다. 그리고 더 이상 수정이 되지 않을 정도가 되었을 때가 현재 시점에서는 '자아'에 가장 가깝다고 할 수 있으므로 그 내용에 충실하게 살아간다. 그러나 '자아'를 찾는 수행은 멈추지 않고 계속한다. 계속되는 '자아'를 찾는 수행을 통하여 그 내용은 조금씩 수정될 것이고 그에 따라 삶도 변하게 된다. 진정한 '자아'를 찾는 과정은 죽을 때까지 계속 되어야 한다.

불교에서 말하는 불성, 영원한 존재, '진아'를 깨닫기 위한 길을 찾는 여정은 어렵고 험난하다. 수백 년 동안 수많은 사람들이 불성을 찾았지만 제대로 깨친 사람은 아주 드물다. 따라서 보통사람인 우리는 그 길을 가되 그 길에 인생을 걸 필요는 없다. 그냥 한발한발 나아가면서 하루하루 살아가는 자세가 필요하다. 깨침을 반드시 이루겠다고 '한 생각' 한 경우가 아니라면 삶 속에 수행을 녹여서 살아가는 것이 현명하다. 그래서 불현듯 깨치면 좋고 그렇지 않으면 다음 생까지 계속하겠다는 자세로 정진하는 것이다. 물론 내생이 있다는 믿음 하에서이지만.

비교종교학자인 오강남은 〈불교, 이웃종교로 읽다〉에서,
 '깨달음이란 세상의 표피적인 현상만이 실제의 전부라고 인식하
던 습관에서 벗어나 현상 밑에, 혹은 그 위에 있는 다른 차원의 실제
를 꿰뚫어 보는 것이다'라고 정의하고 있다. 그리고 깨달음의 체험
은 다음 두 가지 예를 들어 쉽게 설명하고 있다.

'우물 안에 있던 개구리는 우물 안이 그가 보는 모든 세상이다. 우물
안 외에는 다른 세상이 있다는 것을 알지 못하고 있다. 우물 밖에 갔다
온 개구리 – 소위 깨달은 사람 – 의 이야기를 간접적으로 들어 보기도
했지만 도저히 실감이 나지 않는다. 그에게 그저 우물 안만이 실재일
뿐 밖의 이야기는 지어낸 이야기로밖에 들리지 않는 것이다. 그러던 어
느 날 우물 안 개구리는 무슨 일로 우연히 우물 밖으로 나오게 된다. 개
구리는 거기서 완전히 새로운 세계를 체험하게 된 것이다. 엄청난 체험
이다. 이런 체험을 통해 이제 세계와 주변과 자신을 보는 눈이 바뀐다.
과거와 완전히 다른 새로운 개구리로 거듭나게 된 것이다.
깨달음의 체험은 마치 산을 오르는 것과 같다. 산 밑에 있을 때는 눈앞
에 있는 집들만 실재하는 것인 줄 알지만 좀더 오르면 저 너머 공원이
있는 것을 보게 된다. 좀더 오르면 저 멀리 호수가 있는 것도 보게 되
고, 더 높이 오르면 저 멀리 바다가 있는 것도 알게 된다. 깨달음을 찾
아가는 과정은 이처럼 실재인 줄 모르던 것을 실재로 계속 깨달아 가는

것이다. 계속 오르면서 '아해!'를 연발하게 된다.'

서울대 수의학과 교수인 우희종은 〈서울대 명품 강의〉에서 그가 쓴 강의안 '삶의 주체인 생명, 깨어 있는 참여로 가자'에서 깨달음에 대해 다음과 같이 이야기 하고 있다.

'일상생활 속의 작은 깨달음에서부터 평생 구도의 길을 걸어온 불교의 위대한 스님이나 기독교의 성인들에 이르기까지 깨달음은 경험하는 개체에 따라 그 범위와 깊이에서 다양한 모습으로 나타난다. 하지만 이러한 깨달음을 잘 들여다보면 그것은 우리 인식의 전환이며, 길들여져 있던 특정 인식 상태로부터 또 다른 상태로의 전환을 의미한다. 인식의 상전이(相轉移: 물질이 일정한 외적 조건에 따라 한 상(相)에서 다른 상으로 바뀌는 현상)라고 할 수 있다. 헛된 고통의 원인이 되는 무명상태로부터 기나긴 수행 끝에 체험하게 되는 대자유의 깨달음 상태라는 것은 삶의 질적 변화를 가져오는 상전이다. 깨달음을 통해 자신의 삶에 어느 정도 변화를 가져올 수 있느냐에 따라서 그 깨달음의 크고 작은 차이는 분명히 있다. 종교인이나 일반인을 막론하고 크게 깨닫거나 완전히 거듭 태어났다는 이는 역사상 매우 드물다. 깊이와 정도에 있어서도 다양한 깨달음의 형태가 있음을 생각할 때 깨달음의 수준은 다음의 멱함수 구조로 나타낼 수 있다.

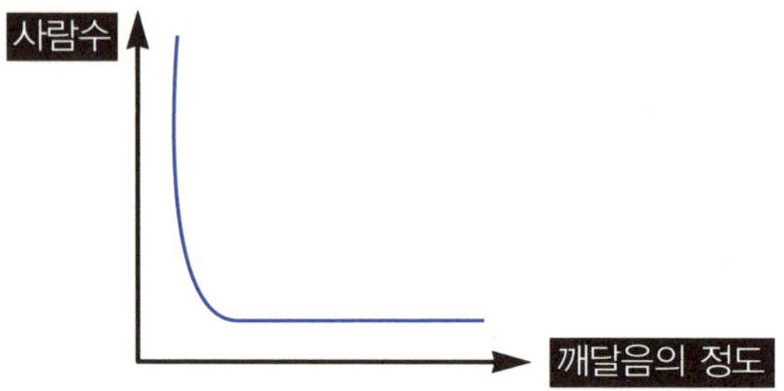

깨달음의 발생규모가 작거나 크거나에 관계없이 그 현상의 속성은 동일하다. 깨달음의 모습이 멱함수의 특성을 지닌다면, 사도 바울이나 선사들의 깨달음과 일상생활 속의 크고 작은 일반인들의 깨달음의 속성은 같다는 것을 시사한다. 따라서 깨달음의 체험이 지니는 속성이 다르지 않다면, 그러한 깨달음의 경험은 굳이 깊은 산중이나 세속을 떠난 특정 장소나 환경이 필요함을 의미하지 않는다. 그렇다면 깨달음이란 일상의 삶을 떠나서 특별히 따로 있는 것이 아님을 강력히 시사하고 있다. 일상적인 삶의 현장이 그대로 깨달음의 장이라는 것이다.

깨달음의 현상은 크거나 적거나 그 속성은 동일하지만 제대로 된 깨달음을 위해 그러한 체험을 발생시킬 수 있는 임계상태가 필요하다. 임계상태가 되었을 때 상전이가 발생하며, 상전이를 통해 그 전 상태와는 전혀 다른 성질의 상태로 전환되는 창발현상이 나타나기 때문이다. 특정 상태에서 임계성을 상전이를 위한 변화의 가장자리까지 도달하기 위해 축적되고 응집된 내부 변화 요소를 필요로 한다. 대오각성을 얻기 위한 자세에 있어 행위자의 임계상태가 가장 중요하다.'

자아 또는 본성에 대한 깨달음을 말로 표현할 수 있을까? 깨달음의 내용은 사람마다 다르다고 한다.

현응스님은 〈깨달음과 역사〉에서 깨달음에 대해 아무리 이러쿵저러쿵 이야기해 봐야 그물 사이로 빠져 나가는 물처럼 깨달음의 내용은 포착되지 않고 허깨비만 남는다고 하였다. 그리고 깨달음에 대해 이론적으로 설명하고 일러줄 수는 있지만 정작 그것을 받아들이는 쪽에는 별로 도움이 안 된다고 하였다. 남의 깨달음은 내 깨달음이 아니기 때문에 도움이 되지 않는다는 이유에서 그렇다는 것이다. 그리고 모두가 색안경을 쓰고 세상을 보는데, 깨닫게 되면 그 색안경을 벗어버리고 세상을 있는 그대로 볼 수 있게 된다고 한다.

나 자신, '자아'를 알려는 노력은 기원전부터 있었다. 그리스 철학자 소크라테스가 '너 자신을 알라'라고 말한 것으로부터 알 수 있다.

소크라테스의 한 제자가 물었다.

"스승님은 당신 자신에 대해 아십니까?"

제자의 물음에 소크라테스는 다음과 같이 답하였다.

"나도 잘 모른다. 하지만 나는, 내가 모른다는 것을 잘 알고 있다"

선불교에서는 나, 즉 인간의 자아, 본성을 알게 되면 모든 것을 얻는 것이라고 한다. 왜냐하면 나란 이 우주 실체의 일부이기 때문이라는 것이다. 나의 존재, 책의 존재, 집의 존재, 지구의 존재, 태양의 존재 모든 것의 존재가 똑 같은 본질을 가지고 있기 때문에 '나'

라는 실체를 얻으면 우주를 얻는 것이고, 모든 것의 본질을 알게 된다는 것이다. 그런데 본질은 절대이기 때문에 말이나 단어, 언어로 설명할 수 없다고 한다.

절대의 세계에서는 나/너, 좋다/나쁘다, 아름답다/추하다 같은 이분법적인 것, 즉 분별이 없다는 것이다. 그래서 말이나 언어가 되어 나오는 순간 분별이 생기게 되어 그 내용은 절대가 아닌 상대가 되어버린다는 것이다. 그래서 절대에 대하여 말하는 순간, 더 이상 그것은 절대가 아니라는 것이다.

〈선의 나침반〉에서 숭산스님은 '우리가 무언가를 생각할 때 '나', 즉 '에고'가 나타나고 그 때 분리가 일어난다. 생각이 날 때 법, 규칙, 이론 등이 나오고 이런 것들이 이름과 모양을 만들고 다음에 싫고 좋고, 착하고 악한 것, 행복과 불행이 나온다.'라고 하였다. 그리고 인간의 자아, 본 성품은 이미 말과 단어를 넘어선 그 무엇이라고 이야기하고 있다. 실체를 설명하는 데는 인간이 만든 말로 표현할 수 없다는 것이다. 입을 연다면 말과 단어, 언어에 의존하는 것이기 때문에 이미 진리를 떠나버린다는 것이다. 그래서 말과 단어로 본성을 설명할 수 없다고 한다. 마치 너무 황홀한 꿈을 꾸어 입조차 열 수 없는 벙어리와 같다고 한다. 마음속으로는 아주 깊고 명확한 것을 이해했지만 말로 표현할 수 없다는 것이다. 말과 언어 이상의 것을 어떻게 설명할 수 있느냐는 것이다. 이처럼 본 성품은 말과 단어 이전에 있는 것이기 때문에 책이나 배움을 통해 찾을 수 없다고 한다. 생각 이전의 지점에 있을 때 찾을 수 있다고 한다. 깨달음이란 이해의 영역이 아니라고 한다. 깨달음은 머리가 아닌 마음으로 깨닫는 것이라고 한다. 자기의 본성을 찾는 사람에게 책이나 불경, 성경을 읽으라고 하는 것은 배고픈 사람에게 단지 비빔밥이 그려진 그림을 보여주는 것과 같다. 아무리 봐도 허기가 채워지지 않는다고 하였다.

　진정한 자아를 찾는 구체적이고 실천적인 방법은 종교를 통해 찾을 수 있다. 특히 깨달음의 종교인 불교는 여러 가지 수행 방법을 제시하고 있다. 대표적인 것이 참선수행이다. 최근 깨달음을 위한 종교서적이나 수행서적이 많이 나와 있으므로 이를 참고하면 될 것이다. 사람마다 처한 삶의 환경, 성격, 의식 등이 다르므로 한 발 앞서간 스승을 모시고 하는 것이 시행착오를 덜 겪는다고 한결같이 책에서 이야기하고 있다.

2. 자아를 만나기 위한 방법—명상

∷ 깨어 있어라

'깨어 있는 상태'란 한눈 팔지 않고 목적이 없거나 무의식이나 습관에 이끌려 가는 것에서 벗어나 원하거나 본질적인 무언가를 항상 의식하면서 잊지 않고 되새기는 마음의 상태를 말한다. 원하거나 본질적인 것은 자신의 꿈, 목적 그리고 그것들을 이루기 위한 일이나 활동이 이에 해당된다고 할 수 있다.

〈행복하게 나이 드는 명상의 기술〉에서 명상 연구가인 손혜진에 의하면 사람들은 자신이 생각하는 대로, 의도하는 대로 행동하고 있다고 생각하지만 잠재된 무의식이나 습관에 이끌려 행동하는 경우가 더 많다는 것이다. 예를 들어 책을 열심히 읽었는데 내용이 전혀 생각나지 않는다거나 회사에 출근하려고 평상시처럼 지하철을 탔는데 반대 방향으로 타는 바람에 지각하는 경우가 있다. 이때 사람들은 '정신을 어디에 둔 거지' 하면서 스스로 황당해 한다. 나이가 들어서 건망증이 생겨 발생한 것도 아니다. 그것은 책을 읽는 일이나 출근하는 행동에 마음을 집중하지 못하고 그 행위와 전혀 관계없는 생각을 하면서 책을 읽거나 지하철을 탔기 때문이다. 몸 따로 마음 따로 논 것이다. 몸은 책을 읽고, 지하철을 탔는데 마음은 다른 데가 있는 것이다. 이것을 '깨어 있지 않다'고 한다. 무의식 또는 습관에 이끌려 행동한 것이다.

반복된 행동이 습관으로 굳어지면서 그 습관은 무의식에 저장되어 필요한 때 의식하지 않더라도 행동으로 나타난다. 술을 좋아하는 사람이라면, 과음 끝에 필름이 끊어졌는데 아침에 일어나보니 자기 집 침대 위에 있는 자신을 발견한 경험이 있을 것이다. 집으로 가는 행위의 주체자가 의식적으로 집에 가려고 하지 않았는데도 무의식에 이끌려 집에 가게 된 것이다.

삶은 매 순간의 행동이 모이고 쌓여서 이루어지는 것이다. 그 행동 중 주체자가 주도적으로 행동한 것이, 과거 습관적으로 또는 무의식적으로 행동한 것보다 훨씬 많을 때 '깨어 있는 삶'을 살고 있다고 말할 수 있다. 깨어 있으려면 일부러 의식하지 않으면 안 된다. 의식하지 않으면 과거 습성대로 되돌아가기 때문이다. 우리들은 보다 나은 삶을 살려고 노력하였지만 세월이 지난 뒤 과거의 삶을 되돌아보고 후회하거나 의미를 찾지 못하여 인생이란 참으로 덧없구나 하고 한탄한다. 깨어 있는 삶을 살지 못했기 때문이다. 과거 습성대로, 무의식적으로 살았기 때문이다. 어떻게 살아야겠다는 꿈과 목적을 가지고 그것을 의식하면서 순간순간 살았다면 그런 후회는 일어나지 않았을 것이다.

:: 명상하는 방법

깨어 있는 삶을 살려면 현재 하고 있는 행동에, 다른 곳에 가 있는 또는 가려고 하는 마음을 지금 여기에 데려다놓고 도망가지 않도록 하여야 한다. 어떻게 하면 그렇게 할 수 있을까? 간단하다. 몰입하면 된다. 한 번에 한 가지 일을 하면서 그 행동에 온전히 주의를 집중하면 된다. 어떤 행동을 할 때 다른 생각을 하지 않도록 그것에 몰입하면 마음이 가고자 하는 방향으로 몸을 끌고 갈 수 있다. 이것이 잘되지 않기 때문에 훈련이 필요하다. 대표적인 훈련이 명상수련이다.

〈행복하게 나이 드는 명상의 기술〉에서 명상할 때 주의할 사항과 명상방법에 대하여 다음과 같이 말하고 있다.

🍀 '명상은 성취의 대상이 아니다. 애쓰거나 움켜쥐려 하면 안 된다. 명상은 세상의 모든 행위 가운데 유일하게 목적 없는 행위이고 함(爲)이 없는 함이다. 명상은 무언가를 얻고 성취하려고 애쓰는 '소유'의 방식이 아닌, 있는 그대로 보고 받아들이는 '존재'의 방식이다.

어떤 가루와 물이 섞여 뿌옇게 흐려진 컵 속을 들여다봐야 한다고 하자. 그 속을 제대로 보기 위해서는 컵을 흔드는 등의 어떠한 힘도 가해서는 안 된다. 가루가 가라앉을 때까지 그저 묵묵히 기다리며 보고 있어야 한다. 우리의 마음도 이와 같아서 마음의 불순물이 가라앉을 때까지 가만히 두고 바라볼 줄 알아야 한다. 가만히 지켜볼 때 매 순간 폭포수처럼 쏟아지는 생각들을 어떻게 대해야 할 것인가?

명상할 때 2가지 현상이 발생한다. '생각을 생각하는 것'과 '생각을 자각하는 것'이다. 이 양자의 차이를 잘 숙지하느냐에 따라 명상의 이해도가 달라진다.

명상 도중에 어떤 생각이 떠올랐을 때 '내가 왜 이런 생각을 하고 있지? 이러면 안 되는데. 어떡하지? 어서 생각을 없애야 하는데…'라는 식으로 마음을 쓰고 있다면 이는 '생각을 생각하는 경우'다. 이렇게 생각으로 생각을 없애려고 분투하다가는 더 많은 생각을 불러일으키기 마련이다. 이는 명상을 하고 있는 것이 아니라 망상에 빠진 상태다.

이에 반해 생각이 일어났을 때 '생각이 일어났음'을 알아차리고, 즉각 원래의 명상 대상(예컨대, 호흡, 화두 등)에 마음을 되돌린다면, 이런 때는 '생각을 자각하는 경우'다. 비록 어떤 생각이나 감정이 수백 번 일어난다 하더라도 이를 알아채고 마음을 명상 대상으로 되돌린다면 그 명상은 제대로 진행되고 있는 것이다.

그러므로 우리 안에서 일어나는 생각이나 감정을 자각하는 것이 중요하지, 얼마나 그것이 적게 일어났느냐는 중요하지 않으며, 그에 따라 명상의 성공여부가 가려지는 것도 아니다. 고요와 평온, 생각이나 감정, 모든 것이 마음의 한 속성이기 때문이다. 바다가 파도에 방해를 받지 않듯이, 생각이나 감정이 떠오르더라도 화를 내거나 의기소침하지 말고 그것들이 떠오르는 대로 자각하고 다시 명상에 임하면 된다.

명상은 고요히 가라앉아 있는 마음으로 하는 것이 아니라 오히려 변화무쌍한 마음을 있는 그대로 주시하고 인정하는 것으로부터 시작한다. 명상수행 중 마음이 들떠 있는 것도, 고요한 것도, 멍해 있는 것도 다 옳다. 마음이 보이고 있는 모든 상황은 가치가 있다. 그 동안 살아오면서 마음이 지었던 습관을 여실히 비춰 드러내 보이는 것이기 때문이다. 그 모든 것을 알고 받아들일 줄 알아야 한다. 그러므로 고요와 평온 상태에만 집착하지 않도록 해야 한다.

마음은 종종 빛으로 비유한다. 무엇을 알게 한다는 측면에서 빛의 작용과 비슷하기 때문이다. 깜깜한 방에 무엇이 있는지 알기 위해서는 등불을 켜야 한다. 이처럼 무엇을 감지하기 위해서는 빛을 비추듯이, 사람이 무엇을 감지하기 위해서는 마음을 일으켜야 한다. 그래서 마음을 앎을 가져다 주는 빛으로 비유한다.

레이저 빔처럼 한 곳을 집중하여 비추어 무언가를 보는 집중명상과 탐조등처럼 여러 대상을 주시하고 탐색하는 통찰명상이 있다.

집중명상은 마음의 작용을 고요하게 가라앉히는 것이 목적이다. 그래서 오로지 하나의 대상에만 집중하고 전념한다. 집중 명상은 대상에 따라 호흡에 집중하는 호흡명상, 신성한 문구에 집중하는 만트라명상, 성스런 이미지에 집중하는 만다라명상, 춤 명상, 절 명상 등이 있다. 마음은 대상을 닮으려고 하는 성질이 있으므로 집중하려는 대상은 밝고 긍정적이고 행복한 감정을 불러일으키는 것, 예를 들어 사랑, 행복, 호흡, 예수상 등 이어야 한다. 명상은 좌선 자세가 가장 바람직하다.

집중명상의 방법은 먼저 대상을 선택한다. 그리고 마음이 대상에서 벗어나면 이를 즉각 알아차려서 마음을 집중 대상으로 되돌린다. 끈기와 인내하는 마음이 중요하다. 집중명상이 무르익으면, 마음의 출렁거림이 완전히 멈춰 하나로 통일된 상태가 된다. 이때는 마음이 고요하고 맑은 호수의 표면처럼 안정되어 사물의 본성을 거울 비추듯 비출 수 있게 된다. 즉, 평상시의 눈으로 보지 못하던 것을 볼 수 있게 된다.

통찰명상은 마음을 한 대상에서 다른 대상으로 옮겨 다니며 순간순간 자각되는 것을 관찰하는 명상으로 자신에게 떠오르는 경험을 탐구하는 데 적합한 기법이다.

통찰명상의 방법은 좌선 자세에서 호흡에 주의를 기울이는 것부터 시작하되 모든 동작이 가능하다. 자신의 몸에서 호흡에 따라 움직임이 가장 잘 의식되는 부분을 주시하다가 몸과 마음에서 느껴지는 여러 현상을 알아차리고 주시한다. 가려움이 일어나면 가려움을 관찰하고 다리에서 저림이 느껴지면 저림을 주시하고 냄새가 나면 냄새를 알아차리고 졸음이 오면 졸음이 오는 것을 알아차린다. 답답함이 느껴지면 답답함을 알아차리고 지루함이 일어나면 지루함을 알아차린다. 이러한 현상에 주의를 기울이면서 그 현상이 어떻게 일어나서 어떤 양상으로 머무르다 어떻게 사라지는지 주시한다. 이때 감지되는 감각이나 감정에 판단이나 선입관을 넣지 말아야 한다. 있는 그대로의 성품을 관찰하고 알아차리는 마음가짐이 필요하다. 자신의 몸과 마음에서 지금-여기 일어나는 감각, 감정, 생각 등에 아무런 판단이나 해석을 가하지 않은 채, 있는 그대로 보는 태도가 중요하다. 이런 훈련을 통해 높은 수준의 인식, 즉 직접적인 직관의 차원에 이르게 되면 현상의 진정한 모습을 있는 그대로 보는 지혜에 다다르게 된다. 자신의 몸에서 일어나는 미묘한 반응을 알아차릴 수 있고 스스로 옭아매고 있는 마음의 사슬을 꿰뚫어볼 수 있도록 해준다.

집중 명상을 하는 동안에도 다양하게 주시하는 통찰명상의 태도가 필요하다. 호흡에 집중할 때 울적한 마음이 들 경우 그 마음을 내치려고 하지 말아야 한다. 집중명상을 할 때 몸의 감각이나 걱정, 감정이 떠오르면 그것을 알아차리고 다시 원래 집중했던 대상으로 마음을 되돌리면 된다. 이처럼 집중명상과 통찰명상의 상호작용을 이해할 필요가 있다. 집중명상과 통찰명상은 모두 무의식에 지배되기 쉬운 우리의 마음을 깨어나게 해주고. 원하는 곳에 주의를 기울이고 집중하는 법을 익히도록 해준다. 마음을 하나로 모으는 집중력과 세심한 주의를 가지고 주변 상황을 통찰할 줄 아는 통찰력 모두 필요하므로 2가지 명상을 함께 하는 것이 좋다.'

명상은 종교에서 중요한 수행 중 하나이다. 특히 불교에서는 명상을 통해 깨달음을 추구하므로 이를 특별히 '참선'이라고 한다.

청화스님도 〈가장 행복한 공부〉에서 재물은 물론 자신의 몸도 헛된 것이라는 것을 알고 마음자리에 집중하여 참선할 것을 요구하고 있다.

참고로 불교에서는 마음을 부처라고 하면서 모든 사람은 불성, 즉 부처의 성품을 가지고 있는데 집착, 탐욕, 번뇌, 망상 등 온갖 먼지가 끼어 그것을 제대로 보지 못한다고 한다. 그러므로 참선을 통하여 마음에 낀 먼지를 깨끗이 닦는 수행이 필요하다고 한다.

법정스님은 명상을 통해 먼지를 가라앉히고 깨끗한 마음의 상태, 즉 평온한 마음 상태에서 자기의 진정한 마음, 참 모습과 행복을 찾을 수 있다고 하였다. 검소한 삶을 살아야 '자아'에 낀 먼지를 빨리 제거할 수 있으며, 먼지를 제거한 깨끗한 거울도 매일 닦지 않으면 먼지가 낀다면서 매일 청빈하게 살 것을 요구하였다.

숭산스님은 〈선의 나침반〉에서 명상에 대하여 다음과 같이 말하였다.

'세상에는 수많은 종류의 명상법들이 있으며 종교마다 독특한 수행법들이 있다. 심지어 불교 내에서조차 많은 종류의 수행법이 있다. 하지만 그것들은 단지 기법에 불과하다. 비파샤나 명상, 참선, 티베트의 불교 수행의 다른 점이 무엇이냐는 질문에 대하여 나는 이렇게 대답한다. "밥 먹을 때 일본에서는 젓가락으로 먹는다. 한국에서는 숟가락도 함께 쓴다. 서양에서는 나이프와 포크를 쓴다. 인도에서는 손으로 밥을 먹는다. 방법은 모두 다르며, 도구도 다르다. 가장 중요한 것은 '배가 부르냐'이다."

이와 마찬가지로 어떤 종류의 수행을 선택하든 상관없다. 중요한 것은 '왜 수행하느냐?'하는 것이다. 대부분의 사람들은 무엇을 얻기 위해 수행과 명상을 한다. 아마 마음의 평화와 같은 좋은 감정을 얻기 위해서일 것이다. 수행을 통해 어떤 물질적인 것을 원하는 사람도 있다. 좋은 차, 좋은 집, 사업 성공을 얻기 위해 계속 염불을 외우고 명상이나 기도를 한다. 이것 역시 나쁘지 않다. 그러나 참 수행의 목적은 수행을 통해 내 안으로 깊이 들어가 자신의 본 성품을 발견하고 중생을 돕기 위해서이다. 진정한 공부란 아무것도 바라지 않는 것이다.'

소승불교의 수행방법인 비파샤나 명상은, 호흡을 있는 그대로 관찰하는 것에서부터 시작하여 몸의 자세와 움직임, 나아가 생각의 흐름까지 세세하게 관찰하는 방법이다. 이런 관찰을 통하여 몸에서 발생하는 요소와 소멸하는 요소를 바라보게 되고 어떤 것에도 집착하지 않은 채 초연하게 세상을 살아가는 법을 익히게 된다. 즉, 일상적인 활동과 마음 씀을 관찰하고 그 관찰을 통해서 깨달음을 얻는 수행법이다.

:: 명상의 의학적 효과

명상은 자아를 발견하기 위한 하나의 방법에 그치지 않고 우리 신체에 여러 가지 긍정적인 효과를 가져다 주고 있다.

2011년 KBS 〈생로병사의 비밀〉에서 명상을 의학적 측면에서 다룬 적이 있다. 제작진에 따르면 명상은 천천히 몸과 마음을 이완시켜 만병의 근원인 스트레스를 해소시키는 것은 물론 면역기능까지 강화시키는 효과가 있다고 한다. 오랜 동안 명상을 해온 스님의 명상 중의 뇌파를 측정해 본 결과, 사람의 뇌파 중 심신을 안정시켜 집중력과 사고력을 높여주는 알파파와 세타파가 명상 전보다 명상 후 더 활성화 되는 것으로 나타났다. 또한 우울증과 같은 스트레스성 질환을 앓고 있는 사람 4명을 일 주일간 명상프로그램을 참여시킨 결과 높은 불안지수와 우울지수를 보였던 것이 명상 후 0(零)에 가까울 정도로 현저하게 수치가 줄어든 것으로 나타났다. 이는 명상이 부교감신경계를 활성화시켜 스트레스 호르몬인 코티졸 분비를 감소시켰기 때문이라는 것이다. 또한 스트레스 호르몬이 억제되면 면역계가 활성화되어 질병예방에 효과적인 것으로 나타났다고 한다. 스트레스와 우울증을 줄이는 효과 때문에 일부 대학병원에서는 명상을 암 환자들을 위한 보완요법으로 활용하고 있다고 한다.

미국 조지아 의과대학의 베론 바네스 박사는 명상으로 심장질환의 위험인자들을 다스릴 수 있다는 연구결과를 발표했다. 명상이 혈관을 확장하고 혈압을 낮춘다는 것이다. 최근의 연구결과에 따르면 명상이 중독성 약물을 예방하고 중독자의 재활을 돕는 효과까지 있다고 발표하였다.

2010 광저우 아시안게임에서 사격 3관왕에 오른 이대명 선수는

심상훈련이라는 명상 프로그램을 통해 집중력을 유지한다고 하였다. 올해 93세의 고령에도 불구하고 믿기지 않을 만큼 건강한 삶을 유지하고 있는 박희선 박사는 올해로 명상을 해 온지 40년이 넘는다. 그 덕분에 건강한 체력은 물론 아직까지 천 자리가 넘는 원주율을 외우는 놀라운 기억력을 유지하고 있어 주위사람을 놀라게 하고 있다. 그 외 영국의 파이낸셜 타임즈가 선정한 2010년 최고의 CEO 스티브 잡스, 농구계의 전설이 된 마이클 조던 그리고 비틀즈의 존 레논에 이어 영화배우 리처드 기어까지 명상에 열광하는 이유는 명상이 주는 신체적, 의학적 효능 이외에 심리적 안정을 통하여 몸과 마음을 지켜주기 때문이라는 것이다.

위와같은 사례에서 보듯이 명상은 집중력을 향상시켜 일의 능률을 올려주는 효과가 있다. 명상은 비교문화, 경쟁 사회에 꼭 필요하다. 오늘날 대부분의 병은 스트레스에서 시작된다고 해도 과언이 아니다. 운동으로 스트레스를 해결하거나 정신적 문제를 치유하는 것에는 한계가 있다.

'자아'를 찾아 본질적인 삶을 살기 위해서뿐만 아니라 정신적, 육체적 건강을 위해서도 명상은 그 존재가치가 뛰어나다고 할 수 있다. 명상을 하루에 10분부터 시작하겠다는 '한 생각'이 필요하다. 한 걸음부터 시작하자.

3. 법정스님의 글을 통한 깨달음 맛보기

법정스님의 수필 중 '일상의 심화(深化)'라는 글이 있다.

'글이나 사상은 그 저자의 정신 연령에 이르러야 비로소 이해할 수 있고 생활환경이 비슷하면 더욱 공감할 수 있다'

법정스님의 말처럼 번잡하고 시끄러운 도시생활에서 한 발 물러나 삶에 대하여 알고 싶어하는 상황에서 접한 이 글은 필자에게 새로운 삶의 방향을 제시해 주었다. 혹시 필자와 비슷한 환경이나 생각을 가진 독자들에게 조금이나마 도움이 될까 싶어 '일상의 심화' 전문을 모두 소개하고자 한다. 자구 하나하나마다 법정스님의 깨달음의 내용이 스며들어 있어, 읽는 독자의 정신적 환경에 따라 받아들이는 내용이 각자 다를 것으로 생각되기 때문이다. 동시에 독자들에게 조금이라도 도움이 될 수도 있다 싶어, 이 글에 대한 필자의 느낌이나 생각도 괄호 속에 적어 보았다.

사람이 혼자서 살아갈 수만 있다면 얼마나 자유로울 것인가. 부자유하다는 것은 무엇에 얽혀 있다는 말이고, 어디에 매여 있다는 것이다.

(사람은 태어나는 순간부터 무언가에 얽매여 살아가는 존재이다. 일생 중 가장 자유로운 때는 아무 것도 모르는 철부지 어린 시절인 것 같다. 자라면서 부모로부터 시작하여 학교 · 직장 · 가족 · 사회 · 국가에 이르기까지 관계 있는 모든 사람들이 내 삶에 직, 간접적으로 영향을 미치고 있다. 물론 나도 그들에게 영향을 주고 있다. 그리고 돈 · 지위 · 명예 등도 나의 삶에 깊게 간여를 하고 있다. 인간은 죽지 않는 한 자유로울 수 없는 존재인 것 같다.

탈출하고 싶었지만 생계 때문에 참고 견뎌야 했던 직장과 항상 부족한 돈이 나의 삶을 가장 부자유하게 한 것들이다. 퇴직하면 마음대로 여기저기 떠돌아다니면서 자유를 마음껏 만끽하고 또 원하는 생활을 하리라는 미래의 꿈을 안고 20년이 넘도록 직장생활을 견뎠다. 그렇지만 막상 퇴직해도 여전히 나는 자유로운 삶을 살지 못하고 있다. 길어진 수명, 그로 인한 노후에 대한 불안이 자유롭게 살려는 나를 방해하고 있다. 그래서 또다시 돈 되는 일거리를 찾아 여기저기 기웃거리고 있다. 이렇게 글을 쓰고 있는 것도 그 범주에 지나지 않는다.)

❧ 이와 같이 사람은 본질적으로 자기 밖의 타인이나 사물에 관계되어 있다.

(사람은 태어나는 순간부터 자기 이외의 타인, 즉 부모 · 가족 · 친구 · 선후배 · 기타 사람들에 둘러싸여 살아간다. 옷 · 자동차 · 집 · 돈 등과 같은 사물과도 이들에 대한 소유와 집착으로 얽혀 있다. 어떤 부모를 만나느냐, 어떤 사람과 관계를 맺느냐에 따라 삶의 내용은 달라진다. 또 돈으로 대표되는 재물도 내 삶에 직간접으로 영향을 준다. 나도 50년 이상을 살면서 그 동안 만난 사람들 그리고 돈과 같은 사물 때문에 내 삶의 내용이 예측하지 못한 방향으로 바뀐 적이 한두 번이 아니다. 간혹 원하지 않은 나쁜 방향으로 뒤틀린 경우도 많았다.)

❧ 우리들이 산다고 하는 것은 이러한 관계 속에서 살고 있는 것을 뜻한다. 따라서 잘 산다는 말은 관계가 원만하다는 것을 가리킬 수도 있다. 사람이 태어날 때에는 벌써 부모와 관계를 맺은 것이고, 형제와 조산원과 화폐 같은 유통 수단과도 관계를 맺은 것이다. 그리고 죽을 때에는 모든 관계의 울타리에서 벗어나게 된다.

(삶이란 관계이다. 구체적으로는 타인과 사물의 관계이다. 사람인 이상 태어나자마자 그 관계에서 벗어날 수 없는 운명이라면, 그들과 좋은 관계, 원만한 관계를 가지려고 노력하는 것이 최선이다.

배우자와의 관계, 부모자식과의 관계, 기타 다른 사람들과의 관계가
원만하고 돈과 같은 재물도 잘 관리하여 좋은 관계를 형성할 때 남
들은 내가 행복하게 잘 살고 있다고 이야기할 것이다.)

우리들이 살아가는 일상생활은 이러한 관계의 지속이다. 그런데 날마
다 반복되는 일상적인 관계 속에서 사람들은 지극히 범속해지기 쉽다.
허구한 날 비슷비슷하게 되풀이 되는 생활 속에서 자기의 빛깔은 바래
가고 있다. 시작도 끝도 없이 도도히 흘러가는 타성의 흐름에 떠내려가
고 있는 것이다.

(우리는 매일 마주치고 접하는 사람들과 사물의 관계 속에서 다
람쥐 쳇바퀴 돌 듯이 변화 없이 살아가고 있다. 특별한 계기가 없는
한 우리는 가정, 직장 나아가 사회 조직 속의 한 구성원으로서 매일
비슷한 삶을 살아가고 있다. 어제 같은 오늘, 오늘 같은 내일의 삶을
살고 있다. 그렇게 한 달이 지나고 일 년이 지나 어느 순간 늙은 자
신을 발견하게 될지도 모른다. 강가의 비슷비슷한 조약돌 중 하나처
럼 개성 없는 존재로 무미건조하고 단조로운 삶을 살아가기 쉽다.
간혹 변화하려고 하나 곧 타성에 의해 되돌아 가버리기 쉽다. 이것
이 우리네 보통사람들의 삶이다.)

따지고 보면 분명히 내가 살고 있음에도 내 자신의 의지보다는 보이

지 않는 바깥의 흐름을 맹목적으로 추종하고 있는 것 같다. 내가 무엇 때문에 이렇게 살고 있는지 알 수도 없거니와 알려고도 하지 않는다.

(학창 시절 사춘기 때 잠깐 부모님에게, 선생님에게 반항하면서 나의 의지를 내비친 경우와 대학시절 정치, 사회에 비판적이었던 경우를 제외하고는 자식으로서, 결혼해서는 한 사람의 배우자로서, 아이의 부모로서, 직장인으로서 그들이 원하는 나아가 사회가 원하는 틀에 박힌 삶, 즉 바른 생활에 가까운 삶을 살았던 것 같다. 내가 어떻게 살아야겠다는 절실한 욕망도 없이 지금까지 산 것이다. 간혹 튀는 삶을 사는 사람을 부러워하였지만 그때 한때뿐이었다. 내가 왜 이렇게 살고 있는지, 이렇게 사는 것이 제대로 된 삶인지 되돌아 본 적이 없었던 것 같다. 남들처럼 살려고 노력한 것 같다. 남이 집을 사니까 나도 사고, 서로 앞다투어 평수를 늘리니까 나도 늘리고, 남들이 골프를 치니까 나도 치고.)

이와 같이 우리는 바깥의 흐름과 그 흐름에 묻어 있는 소음 속에 내 자신을 내던지고 있다. 외부의 소음은 내 자신의 소리를 듣지 못하도록 가로막는다. 우리는 아침에 눈을 뜨기가 바쁘게 바깥의 소음에 밀려드는 세계 안에서 살고 있다. 차가 달리는 소리, 텔레비전이나 라디오에서 흘러나오는 소리, 전화의 벨 소리, 서로 다투는 소리, 쇠가 쇠를 먹는 소리 ….

소음은 비단 음향뿐이 아니다. 대인 관계도 어떤 것은 따지고 보면 소음과 비슷한 것이 적지 않다. 이와 같이 불필요한 나날의 가지로 인해서 내 생명의 열매는 알차게 여물 수 없게 된다.

(잠에서 깨어나 제일 먼저 자명종 소리나 가족의 기상소리, 화장실 물 흐르는 소리, 기타 사물이나 인기척 소리를 접한다. 그리고 화장실 가서 생리욕구를 해결하고 세수를 한다. 그 다음 TV, PC 등을 접하거나 타인과 이야기를 나누면서 하루 일과를 시작한다. 내 안의 나, 자아, 마음, 영혼은 어디론가 실종되어 버린 채, 온통 나를 둘러싼 타인과 사물을 접하면서 그들과 씨름하면서 하루를 다 보낸다. 내 안의 나와는 한 마디 대화도 없이 하루를 보내버린다. 특별한 계기가 없는 한 내가 누구인지 내가 무엇을 좋아하는지에 대하여 심각하게 생각해 보지도 못하고 한 평생을 보낼 것이다. 그렇게 되면 내 영혼은 현생에서 제대로 자라지도 못하고 다음 생으로 넘어가게 되는 셈이다. 하루 10분이라도 내 안의 나와 대화를 하였다면 죽을 때쯤 내 생명의 열매는 알차게 여물었을지도 모르는데….)

범속한 일상생활에 대한 자각은 자기 자신의 뿌리를 살피는 일이다. 다시 말하면 자신의 처지와 분수를 되돌아보는 일이다. 그리하여 없어도 좋을 비본질적인 곁가지들에 대해서 미련 없이 가지치기를 해야 한다. 여기에는 결단이 필요하다. 의식적이건 무의식적이건 간에 지금까지 얽혀 온 집착의 가지는 질긴 것이다. 그러나 새로운 삶을 위해서는 생나무 가지를 찢는 아픔쯤은 참고 견뎌야 한다.

(다람쥐 쳇바퀴 도는듯한 무료한 일상 속에서 탈출하려면 현재 자신의 처지와 분수를 되돌아보고 불필요하고 쓸데 없는 것을 과감히 정리하고 자신의 삶의 본질적인 것을 찾는 '의도적인' 노력이 있어야 한다. 본질적인 것을 찾으려면 먼저 자신의 삶을 철저하게 분석하여 본질적인 것, 즉 자신이 누구인가, 왜 사는가에 대한 해답을 구하는 과정이 먼저 이루어져야 한다. 그리고 그 해답에 해당하는 것을 제외한 나머지 곁가지는 과감히 도려내는 결단이 필요하다. 그런데 도려내어지는 곁가지에 대한 집착이 크기 때문에 그것을 버리는 과정에서 생살을 찢는 듯한 아픔이 동반될 것이다. 예컨대 PC게임을 즐기거나 술을 좋아하는 경우 그것을 끊는 과정에서 많은 아픔을 동반할 것이다. 그렇지만 그것을 견뎌야 한다. 비본질적인 것을 버리는 것이 쉽지 않다. 고통스럽다. 그러나 그것을 버리지 않은 한 본질적인 것에 투자할 시간이 없거나 적게 되기 때문에 견뎌야 한다.)

물론 일상성 밖에 우리 생활이 따로 있는 것은 아니지만, 그 일상성에 긍정적인 의미가 주어지려면 심화가 따르지 않으면 안되기 때문이다. 심화는 곧 자기 자신의 삶에 대한 매듭이다. 그 매듭은 누가 마련해 줄 수 있는 그런 성질의 것이 아니다. 가지치기의 아픔을 감내하면서 스스로 마련할 수 밖에 없다.

(특별한 삶은 없다. 새로운 삶도 특별한 삶도 시간이 흐르면 평범한 일상생활이 되어 버린다. 수많은 우여곡절 끝에 직장에서 임원으로 승진이 되었거나 부자가 되었더라도 몇 달만 지나면 임원으로서의 삶, 부자로서의 삶은 일상생활이 되어 버린다. 승진 또는 부자 되기 전의 일상과 똑같이 말이다. 하지만 자신의 원하는 삶, 일상성에 의미를 주려면 자신의 삶을 깊게 파고 들어, 비본질적인 곁가지를 치고 본질적인 것으로 일상생활을 채우도록 해야 한다. 그것은 누가 대신해 줄 수 있는 성질의 것이 아니다. 내 자신 스스로가 해야 한다.)

이때 우리는 혼자 있는 시간이 필요하다. 내 자신을 본래적인 나로 있게 하기 위해서다. 그래서 모든 관계에서 벗어난 순순한 '나'를 일단 객관화시켜야 한다.

(우리는 수많은 사람 및 사물과 관계를 맺고 그 관계 속에서 우리를 인식하고 또 인식 된다. 따라서 고유한 자신, 본래의 자신의 모습을 보려면 잠시 그 관계를 끊어야 한다. 그리고 그 상태에서 홀로 독립된 자신을 찾아서 바라볼 때 비로소 자신을 객관적으로 관찰할 수 있다. 모든 관계에서 벗어나는 좋은 방법은 명상이다. 시간과 공간 그리고 모든 관계를 끊어버리고 명상을 통하여 내 마음의 거울을 깨끗이 닦고 또 닦아 그 거울 속에 비친 나를 찾아야 한다.)

❀ '나는 누구인가?'

'나는 왜 사는가?'

이런 원초적인 인간의 물음 앞에 마주 서야 한다. 이때 인간은 비로서 고독을 느낀다. 이 고독은 보랏빛 노을 같은 감상이 아니다. 벗들과 떨어져 있기 때문에 오는 대중가요조의 외로움이 아니다. 발가벗은 자신과 마주 서 있는 데서 오는 전율 같은 것이다. 인간은 본래부터 지평선 위에 드리우고 있는 당당한 실존이다.

(명상 속에서 해야 할 일은 오직 하나이다. 내가 누구인지, 왜 사는지 끊임없이 질문하고 그 답을 찾는 것이다. 모든 관계를 떠나 혼자된 상태에서 이러한 원초적인 질문을 하고 스스로 답하는 과정에서 고독을 느끼게 된다. 그런데 그 고독은 지금까지 자신을 둘러싼 관계에서 일시적으로 떨어져 느끼는 외로움이 아니다. 자신의 근원적인 질문인 '나는 누구인가?'라는 전혀 예상치 못한 질문을 받았는데 그 답을 구하는 과정에서 누구에게도 도움을 받을 수 없다는 데서 느끼는 고독이다. 그리고 그 질문을 남이 물었다면 잠시 당황할 수는 있다. 상대에게 얼렁뚱땅 답함으로써 그 상황을 벗어 날 수 있다. 하지만 내가 내 자신에게 물었기 때문에 얼렁뚱땅 답할 수 없다. 벌거벗은 자신의 모습을 찾아서 솔직하게 답해야 한다. 그 때문에 온몸으로 전율 비슷한 것을 느끼게 된다. 그 모습은 언어나 개념이

생기기 이전부터 존재하던 '나'이다. 내가 만든 과거 생각이나 기억 속 갇힌 존재가 아닌 본래 무한한 가능성을 가진 우주의 일부인 나의 존재, 양파 속의 나, 과일 속의 씨를 찾아야 한다. 인간이 본래부터 가지고 있던 모습을 말이다.)

🍀 레오나르도 다빈치의 말을 상기해 보자

"만일 네가 혼자 있다면 너는 완전한 네 것이다. 하지만 한 친구와 같이 있을 경우 너는 절반의 너다"

(관계 속에서는 완전한 자신을 찾을 수 없다. 한 친구와의 관계에서 자신의 반은 본래의 자신이지만 나머지 반은 친구와 나와의 관계에서 만들어진 자신이기 때문이다. 나의 모습은 타인을 통하여 볼 수 밖에 없기 때문이다. 사물은 거울이라는 도구를 통해 자신의 모습을 제대로 볼 수 있으나 인간에게는 그러한 거울과 같은 도구가 지구상에 존재하지 않는다. 나를 둘러싼 타인을 통해서 어렴풋이 볼 수 있을 뿐이다. 타인에게 비친 내 모습으로 나의 모습을 찾을 수밖에 없기 때문에 친구를 통해 보는 나의 모습은 온전한 내가 아니다.)

🍀 이런 때 고독이란 정말 자유로운 것이다. 그러므로 자유는 고독한 것이다. 이러한 고독은 절망과 동질의 것이다.

(모든 관계를 떠나 혼자된 상태에서의 고독은 얽매이는 관계가

없기 때문에 정말 자유롭다. 가족, 친구, 돈, 재물 등 자신과의 모든 관계에서 비롯된 소유, 집착, 욕심 등에서 벗어난 상태에서의 고독은 완전한 자유에서 비롯된 고독이다. 이러한 고독은 절망에 가까운 것이다.)

그러나 자기 자신에 대한 자각에서 오는 절망은 결코 '죽음에 이르는 병'일 수 없다. 외부와의 관계에서 벗어난 순수한 자신에게 눈뜨는 계기다. 이때 비로소 자기의 분수와 어떻게 살 것인가에 대해서 결단하게 된다. 불교적 표현을 빌린다면 진공묘유(眞空妙有)라고 할 수 있다. 모든 집착에서 벗어난 홀가분한 상태에서 오묘한 존재 혹은 오묘한 작용이 나올 수 있다.

(그러나 그 절망은 자신에 대한 자각에서 비롯된 것이므로 자살을 부르는 절망이 아니다. 일상에서 벗어나 탈태환골을 하는 과정에서 오는 고통인 것이다. 이때 비로소 자기 모습을 제대로 볼 수 있게 된다. 그리하여 자신의 분수를 알게 되고 그 분수에 따라 어떻게 살 것인지 결심하게 된다. 이러한 결심은 모든 타인과 사물의 관계에서 벗어나 그에 대한 소유나 집착을 비우고 내려놓은 상태에서 오는 오묘한 결과이다.

법정스님은 자아에 대한 끊임없는 질문과 답을 하는 명상 과정을 통하여 깨달음을 얻을 수 있다는 것을 이 글에서 말하고 있다.)

🍀자신의 범속한 일상을 밑바닥까지 자각한 사람에게는 새로운 눈이 뜨인다. 그래서 어제까지 보이지 않던 사물이 보이게 된다. 바깥 소음에 가려 들을 수 없던 내면의 소리가 들려온다.

(자신의 일상의 밑바닥까지 자각하게 되어 깨달음의 경지에 이르게 되면 모든 관계에서 벗어나 진정한 자아를 만나게 된다. 이제까지 보이지 않던 것이 보이게 된다. 사물이나 현상을 있는 그대로 보게 되는 것이다. 과거에는 아상(我相)이나 타인 그리고 사물과 같은 소음에 가려져 보이지 않던 것이 제대로 보이고 들리게 되는 것이다. 사물을 가리고 있던 안개가 걷히게 되는 것이다. 새로운 것을 보는 것이 아니라 원래 있던 것인데 안개 때문에 재대로 보지 못한 것을 보게 된 것이다. 그리고 나아가 내면의 소리, 마음의 소리도 듣게 된다.)

🍀내 할 일을 알게 된다. 새로운 사명으로 그의 혼은 뛰고 있다. 사명은 그 누구의 강요도 아니다. 내가 찾아서 내 스스로 수행하려는 '내 일'이다. 나의 모든 것이 오로지 그것을 위해 존재의 의미를 가지는 것, 그것을 위해 내 모든 것을 내던짐으로써 오히려 환희를 느낄 수 있는 것이 바로 사명감이다.

(일상성의 심화를 통하여 깨달음의 경지에 달하게 되면 비로소 진정한 자아, 불교에서 말하는 내 안의 부처, 본성, 영성, 참 자아를

찾게 된다. 이때부터 자신의 자아가 나아가고자 하는 일, 사명 또는 자신의 존재 가치를 향해 온몸을 바쳐 나아가게 된다. 그리고 그 삶은 기쁨의 연속이다. 내 존재의 의미를 향해 살아가기 때문에 온몸으로 희열을 느끼게 된다.)

그래서 그것은 언제나 나에게 새로운 용기와 넘치는 힘을 부어 주는 생명의 줄기다. 생명은 그 자신 안에서 발전할 뿐 아니라, 그 자신을 넘어 보다 높은 의미로 발전하지 않으면 안 된다. 꽃이 열매로 변신하듯이.

(그리고 그것은 내 삶을 살아가는 데있어 항상 새로운 용기와 열정을 불어넣어 준다. 그리고 내 삶은 자기만을 위하는 것에 머무르는 것이 아니라 자신을 뛰어 넘어 이웃을 위해 사용되어야 제대로 된 결실을 맺을 수 있다.)

이때 비로소 이웃이나 모든 사물과의 관계에 긍정적인 의미가 내려지게 된다. 앞서 말한 주어진 관계와는 본질적으로 다르다. 이제 그의 하루하루는 무의미한 되풀이가 아닌 심화의 새로움이 있다. 날마다 '새날'인 것이다.

(깨닫게 되었을 때 비로소 이웃이나 사물을 제대로 보게 된다. 깨닫기 이전의 타인과 사물의 관계는 외부에서 주어진 수동적 관계였

다면 이제는 자신이 스스로 능동적으로 의미 있는 관계를 만들어 가며 그 관계는 베푸는 관계로 바뀌게 된다. 깨달은 것을 혼자 가지지 않고 석가나 예수처럼 이웃이나 세상에 대하여 그 깨달음이나 가진 것을 나누어 주게 된다. 우리는 그것을 자비, 사랑이라고 표현하고 있다. 깨닫게 되면 매일매일의 삶은 과거와 다른 새로운 삶이며 의미 있는 삶이 된다.)

사람은 결코 추상적인 존재가 아니다. 우리들이 산다고 하는 것은 순간순간 자기 할 일을 하면서 살고 있는 것이다. 그러므로 잘 산다고 하는 것은 지금은 못 살아도 먼 후일에 잘 사는 것을 뜻할 수는 없다. 하루하루를 삶의 보람을 누리면서 사는 데 그 의미가 있어야 할 것이다.

(사람은 미래를 위해 오늘을 사는 추상적 존재가 아니라 지금 이 순간 자기 일을 하면서 사는 존재이다. 그러므로 과거에 연연하지 말고 미래를 위해 현재를 희생하지 말고 현재를 보람 있게 하루하루 최선을 다해 사는 것이 중요하다.)

그리고 남들이 그렇게 산다고 해서 나또한 꼭 그렇게 살아야 한다는 법은 없다. 사람은 저마다 개성과 취향이 다르듯이, 살아가는 데도 다양할 수밖에 없다. 문제는 무슨 일에 있지 않고 어떻게 사느냐에 있다. 어떤 의미에서는 내가 하는 일이 곧 나이다. 그 일을 통해서 자기 자신을 꽃피우고 열매 맺는 것이다.

"아무리 세계의 종말이 명백하다 해도, 나는 오늘 능금나무를 심는다"

이 말은 자기의 할 일을 묵묵히 하고 있는 사람만이 발음할 수 있는 생명의 소리다.

(그리고 자기 식대로, 자기 개성과 취향대로 살아야 한다. 남을 위하거나 남에게 보이기 위한 것이 아닌, 자기 자신에게 의미 있는 일을 찾아 남의 눈을 의식하지 말고 그 일을 묵묵히 하는 것이 제대로 된 삶이다.)

법정스님의 깨달음의 과정과 깨달음의 순간 그 느낌과 현상, 그리고 깨달은 자의 삶을 일부 엿볼 수 있는 귀중한 글이다. 모든 관계와 굴레에서 벗어나 절망과도 같은 고독 속에서 자신의 처지와 분수를 되돌아보면서,

'나는 누구인가? 나는 왜 사는가?'

원초적인 질문을 통하여 과감히 비본질적인 것을 버리고 자신의 본질을 찾는 끊임없는 과정을 밟음으로써 마침내 순수한 자신을 찾게 되는 순간 깨달음에 도달한다는 것이다. 그 때 비로소 자기의 분수와 자기의 삶을 찾으면서 이제까지 보이지 않던 사물이 보이고 자신의 내면의 소리가 들리게 된다는 것이다.

자신에 삶에 대한 깨달음이 없이 살아가는 우리 현대인들에게 올

바른 삶의 방향을 제시하고 있는 글이다. 즉 자신의 개성과 취향에 맞게 자기 식대로 살되 자신에게 의미 있는 일을 찾아, 지나간 과거와 오지 않은 미래에 대한 생각에서 벗어나 바로 지금 오늘 하루하루를 최선을 다해 사는 것이 제대로 된 삶이라는 것이다. 깨달음을 위한 방법을 찾기 위해 많은 사람들이 훌륭한 스승을 찾아 여기저기 찾아 다니고 있다. 운이 좋아 나름 좋은 스승을 만나 제대로 된 수행을 하고 있더라도 깨달음을 얻기까지 수십 년이 걸리거나 평생 깨닫지 못하고 죽는 것을 감안할 때 이렇게까지 노력을 하지 않거나 하지 못하는 우리와 같은 평범한 사람이 깨달은 사람으로부터 깨달음에 이르는 방법의 일부와 깨달음의 내용을 이와 같은 글을 통하여 조금이라도 엿볼 수 있어 그나마 행운인 것 같아 기쁘다.

지나간 과거와 오지 않은 미래에 대한 생각에서 벗어나

바로 지금 오늘 하루하루를 최선을 다해 사는 삶